Ein Engel geht auf Reisen

Buch mit Liebe!

© Copyright Benjamin Andre' Verlag 2002
Herausgeber Martina Unger
Alle Rechte, auch die des auszugsweisen Nachdrucks, der
Übersetzung und jeglicher Wiedergabe, vorbehalten.
Druck und Verarbeitung: Druckerei Schmidbauer
Umschlaggestaltung: Axel Holstein

ISBN 3-9501538-2-9

Danksagung

Ich möchte mich bei allen himmlischen Engeln und Helfer, besonders bei meinem Schutz- Erzengel Michael bedanken, für ihre Weisheit, ihre Liebe und Wärme, für ihre Führung mich dieses Buch entstehen zu lassen.

Auch bei allen himmlischen Menschen sowie meinem Seelenpartner, welche mir immer wieder Anregungen gaben, dass du dieses Buch heute in deinen Händen hältst.

Liebe Leserinnen und Leser,

ich erlaube mir, euch im folgenden mit „du" anzusprechen.

Erstens, weil wir alle Seelenpartner des selben Weges sind, und zweitens weil ich fühliger und flüssiger schreiben kann. Ich hoffe „du" bist damit einverstanden.

Sei dankbar jetzt und jeden Tag
auch wenn es dir nicht
bewusst ist, welche
Geschenke
dir das Universum
macht!

Vorwort

Ich möchte dir in diesem Buch meinen Weg beschreiben wie mir bewusst wurde, dass Reiki jenes unbeschreibliche tiefe Gefühl war, welches ich seit Kindertagen spürte. Ich habe es als unendliche Liebe und Wärme, ja als nie aufhörendes Fließen in meinem Körper und weit darüber hinaus, verspürt.

Und es ist mir bewusst, dass jeder Mensch, ja jedes Wesen mit dieser unendlichen Liebe und Kraft geboren wird. Doch wie du im Laufe dieses Buches erfahren wirst, wird man durch Erziehung, falsche Gedankenmuster, Ernährung usw. in ein Leben gezwängt, in dem man sich ohne es zu merken selbst nicht mehr erkennt und nicht wohl fühlt.

So habe ich dieses Buch für all' jene Menschen geschrieben, die sich in so einem Leben-(s)-abschnitt befinden, damit sie am Ende dieses Buches von sich überzeugt sind, sich auf den Weg zu machen um jenes unendliche Licht der Liebe und des Glücks zu suchen.

INHALT

Engelgeschichte	
Meine Heimat ist der Himmel	11-14
Ich suche mir eine Familie	15-16
Abschied vom Himmelreich	16-17
Meine Kindheit	20-21
Der weiße Lichtstrahl	22-23
Die Kraft meiner Gedanken	24-28
Die Führung meiner himmlischen Helfer	29-31
So begegnete mir Reiki	31-37
Ich habe mich gefunden	38-41
Finde deine Freiheit	42-46
Praxis mit Reiki	47-50
Meine Kanäle werden frei	51-53
Wie befreie ich mich von Sucht	54-55
Unsere Hilfsmittel - Einheit zu finden	56-57
Den Sinn des Lebens finden	58
Ich als Reikimeisterin	59-61
Ich führe dich zu deinem Engel	62
Die Stille Zeit	63-65
Erwartung an mich - Erwartung von dir	65-68
Beziehungsprobleme - Brücke zueinander	69-71
Ich **kann** - dieses Wörtchen wird alles in deinem Leben verändern	72-74

Jeden Tag geschieht ein kleines Wunder	75-76
Fragebogen - zur Selbsterkenntnis	77-78
Morgenmeditation	79
Affirmation:	
Zur Stärkung des Selbstwertgefühles	80
Mein Berufsleben steht auf sicheren Füßen	81
Affirmation:	
Für den beruflichen Erfolg	82
Ich will nicht mehr - ich kann nicht mehr	83-87
Reiki - Lebensregeln	88
Reiki im Alltag	89
Affirmationsprogramm	90-91
Das Erdenleben eines Engels	92-96
Erfülle dir einen Wunsch	97-99
Buchempfehlungen	100-101
Über die Autorin	102-103
CD und Buchvorstellung	104-105
Wo bekomme ich was?	106
Für eigene Notizen	107-108

Ich verwende in meinem Buch Fall - Beispiele aus meiner Praxis, möchte aber darauf hinweisen, keine Namen von bestimmten Personen zu verwenden.

Wer sich trotzdem angesprochen fühlt, sage ich danke, dass du mit deinem Beispiel (mit welchen du) mir auf energetischen Wege erlaubt hast, dies niederzuschreiben.

Erkenne deine(n) Meister, wenn er dich gleichwertig sieht, kann er dir sehr viel lehren, und auch er darf an dir lernen.

Geheimnis

„Es fiel ein Stern vom Himmel
auf diese unsre Welt,
und er hat dir,
weil du ihn sahst,
ein Geheimnis erzählt.

Ein Geheimnis ohne Worte-
wie ein Duft in der Nacht,
der dich sehnsüchtig macht.
Du atmest ihn ein -
und sein Zauber ist dein.

So brichst du auf
und suchst nach dem Ort,
wo der Stern die Welt berührte.
Und du findest einen Menschen,
der dein Kommen spürte.

Er begrüßt dich wie ein Freund,
kennt deine Sehnsucht, deine Angst.
Schaut tief und klar in dich hinein
und sagt: Da bist du ja!
Und reicht dir seine Hand."

Hans Kruppa

Meine Heimat ist der Himmel

Ein kleiner weißer Engel mit goldenen Flügel steht am Fenster, und betrachtet träumend die untergehende Sonne. Erzengel Michael legt den kleinen Engel die Hand auf die Schulter und fragt ihm: „Wovon träumst du kleiner weißer Engel?" „Ich träume von den Menschen und der Welt, die da weit unter uns liegt." „Deine Stimme klingt aber traurig. Du bist nicht so fröhlich wie du sonst durch den Himmel springst." „Ja", sagte der kleine weiße Engel, „Ich würde so gerne mehr über die Menschen erfahren. Manchmal habe ich das Gefühl, ich kenn' ihr Leben, ihre Gefahren und ihre Freuden. Doch dann ist es wieder sehr weit fort und ich spür Sehnsucht in meinem Herzen. Michael nahm den kleinen Engel an der Hand und ging über viele, viele Stufen immer höher und höher. „Wohin gehen wir?", fragte der kleine weiße Engel. „Ich gehe mit dir dahin, wo nur wir Erzengel Zugang haben. Aber da ich weiß, dass du kleiner weißer Engel ein besonderer Engel bist, habe ich beschlossen, dir etwas mehr von der Welt zu zeigen." So standen sie endlich vor einem riesigen Himmelsteleskop. So ein Ding hatte der kleine weiße Engel noch nie zuvor gesehen.

Seine Augen leuchteten, sein Mund stand weit offen. Ganz langsam und leise kam es über seine Lippen: "Was ist das?" Michael erklärte, dass man mit diesem riesigen Gerät auf die Erde zu den Menschen sieht. Und jedesmal, wenn ein Mensch Hilfe braucht und einen Engel ruft, wird ein Signal ausgelöst und der zuständige Engel fliegt in Windeseile auf die Erde.

Der kleine weiße Engel wurde ganz ungeduldig. „Darf ich auch durch dieses Rohr schauen?", fragte er. Michael, der seinen kleinen Schützling über alles liebte, gewährte ihm diesen Wunsch, und nahm ihn auf seinen starken Engelsarm. Mit neugierigen Augen starte der Kleine durch das Glas. Er schrie voller Begeisterung: „Ich seh die Menschen, Häuser, Bäume, Gärten und Kinder, die ihm besonders gefielen. „So", sagte Michael „jetzt ist es genug für heute, ich muss wieder an die Arbeit gehen. Du siehst ja die Menschen brauchen mich." Der kleine weiße Engel, voller Freude, bedankte sich bei Erzengel Michael für den wunderschönen Nachmittag.

Die Tage vergingen und der kleine weiße Engel wurde sehr nachdenklich. Die Menschen rufen nach den Engeln, wenn sie Hilfe brauchen?

Warum hat ihn noch niemand gerufen? Er würde doch auch so gerne helfen. Er war zwar noch ein bisschen klein, aber helfen konnte er auf jeden Fall.

Er nahm sich vor bei nächster Gelegenheit Erzengel Michael darauf anzusprechen. Ja, es war zu einem festen Entschluß geworden den Menschen zu helfen. So war es dann auch. Der kleine weiße Engel erzählte dem großen Engel von seinen Wünschen. Michael sah lange in die Augen des kleinen Engel. Dann fragte er: "Weißt du, was du dir da wünscht? Welchen Gefahren du dich aussetzen würdest?" „Ja", sagte der kleine Engel, „und ich möchte als Mensch geboren werden so wie die Menschen, möchte ihre Freuden, ihre Liebe und Schmerzen spüren, und möchte sie führen." „Wohin willst du sie führen?" „Hier in meine Heimat zu dem großen Licht, wo es keinen Streit, keinen Hass nur Liebe gibt." „Das ist eine schwierige Aufgabe, bist du dir dessen bewusst? Da gibt es kein Zurück mehr, hat man sich für solch eine Mission entschieden." Doch der kleine weiße Engel war felsenfest davon überzeugt. Er setzte sich ganz gerade, so als würde er um einen halben Meter größer.

Erzengel Michael holte ein großes dickes Buch und legte es auf den Tisch. Vorne stand mit goldenen Buchstaben „Mein Lebensbuch". Der kleine weiße Engel fing an zu blättern, sah die Bilder und las wieder ein paar Zeilen. Manchmal sagte er laut dazwischen: „Das kommt mir so bekannt vor". Nach einer Weile fragte ihn Michael. „Weißt du was du da liest - es ist dein Lebensbuch. Das Bilderbuch deiner Inkarnation."

„Manche Dinge kommen Dir bekannt vor, andere hast du vergessen." Der kleine weiße Engel war erstaunt. Ein Bild gefiel im ganz besonders, ein wunderschöner Garten mit vielen Bäumen; einem alten Haus. „Hier möchte ich wohnen", sagte der kleine Engel.

„Langsam, langsam", sagte Michael, „so schnell geht das nicht. Du hast noch keine Erlaubnis auf die Erdenwelt zu gehen. Ungeduldig? In sieben Tagen gibt es eine Konferenz mit allen Engeln. Hier werde ich deinen Wunsch vortragen." „Ja und leg auch ein gutes Wort ein", bat der kleine weiße Engel, bevor Michael mit dem Lebensbuch unterm Arm wieder seiner Arbeit nachging. Oh, dieses Haus, dieses wunderschöne Haus. Jetzt hatte der kleine weiße Engel erst allen Grund zu träumen, denn jetzt wußte er wovon er träumte.

Ich suche mir eine Familie

Die Konferenz der Engel war vorbei. Der kleine weiße Engel hatte es sich an diesem Tag eingeteilt recht oft am Konferenzsaal vorüberzugehen. Doch es half nichts. Er konnte nichts erlauschen. So wartete er geduldig bis Erzengel Michael an sein Bett kam, und sich zu ihm ans Bett setzte. Erwartungsvoll schaute ihm der kleine weiße Engel an. „Nun", sagte Erzengel Michael, „ich habe deinen Wunsch vorgetragen. Du hast Glück. Auf Erden ist ein neues Zeitalter angebrochen. Doch sag, ist es wirklich dein Entschluss auf die Erde zu gehen um die Menschen zum Licht und zu uns zu führen? Noch kannst du hierbleiben!" Aus dem Mund des kleinen weißen Engel sprudelte es heraus: „Ja ich will, ich will! Was muss ich tun? Wann ist es endlich soweit?!"
Die nächsten Tage waren im Himmelreich sehr turbulent. Der kleine weiße Engel saß immer wieder an diesem großen Fernglas, sah auf die Erde und suchte. Suchte eine Familie! Der kleine Engel suchte Eltern, bei denen er willkommen war und mit Liebe aufgenommen wurde. Denn Liebe, das war ja sein Ziel. Ganz nebenbei suchte er auch nach den wunderschönen Garten und dem Häuschen mit den

Bäumen. Dem Bild aus seinem Bilderbuch.

Und dann kam der große Augenblick, er hatte es gefunden. Alles was er suchte die Familie, das Haus, den Garten, die Bäume! Wenn auch nicht alles an einem Platz, aber alles war im Umkreis. Und wenn man mal ein bisschen größer war, konnte man ja überall „hin" laufen!

Abschied vom Himmelreich

Erzengel Michael hielt den kleinen weißen Engel an der Hand und begleitete ihm zum Tor. Die kleine Hand hielt sich an der großen Hand so fest, dass sie beinahe darin verschwand.

Michael erinnerte den kleinen Engel: "Vergiss niemals deine Lebensaufgabe! Du hast sie in dein Herz graviert. Weißt du sie noch?" „Wie könnte ich das vergessen - meine Lebensaufgabe", sagte der kleine weiße Engel. „Ich suche die Liebe in den Menschen." „Ja", sagte Michael, „Es wird aber Menschen geben, die dir Schmerz, Neid oder Hass bringen werden. Dann denke daran, was du in der Engelschule gelernt hast. Du hast diese Seele einmal darum gebeten dir dies zuzufügen, damit du vergeben und verzeihen lernst.

Vergisst du darauf, sind beide Seelen verloren. Säst du Liebe wo Hass, kannst du Seelen retten." Der kleine, weiße Engel wusste dies ganz genau, denn diese Dinge hatte er sich tief eingeprägt, in der Hoffnung sie auch einmal im Leben erleben zu dürfen.

Angekommen beim Himmelstor nahm Erzengel Michael seinen kleinen Schützling in die Arme, segnete ihn, und drückte ihn nochmal an sein Herz. „Ab heute bin ich dein ganz persönlicher Schutzengel, und wann immer du mich brauchst (bei dir). **Rufe mich!** - kleiner weißer Engel mit den goldenen Flügeln.

Bring den Menschen die Liebe!"

Mit diesen letzten Worten von seinem großen Meister flog der kleine weiße Engel durch das große Tor, welches sich hinter ihm wieder schloss. In seinem Herzen spürte er so viel Freude, dass er nicht mal merkte mit welcher Geschwindigkeit er sich auf die Reise machte.

Jeder Abschied war ein Neubeginn!

Und wenn sich eine Türe verschließt, so öffnet sich eine andere!

STELL DIR VOR

„DU" BIST

DER KLEINE ENGEL

Meine Kindheit

Ich erinnere mich als Kind Dinge wahrgenommen zu habe, ja gesehen zu haben, die meine Eltern und andere Menschen nicht gesehen haben. Ich sah den Menschen in die Augen, versank tiefer und tiefer. Bei manchen konnte man glauben man sah in ihre Seele und tief in ihr Herz. Am Anfang konnte ich mit diesen Dingen sehr wenig anfangen, noch dazu wo ich mich so ganz alleine mit diesen Fähigkeiten fühlte.

So erlebte ich oft Menschen im Gespräch, sah wie sie sich nach außen freundlich und vertrauenswürdig gaben, aber in ihrem Inneren schien alles ganz anders. So wurde mir bewusst, dass ich meine Fähigkeiten nicht leben konnte, jedoch auch nicht verlieren wollte. Das Leben sollte nicht einfach werden, das spürte ich. Wie erklärte man Menschen, dass man Dinge sah, die irgendwann geschehen werden. Jeder weiß, was man zu solchen Kindern aber auch zu Erwachsenen sagt. Deshalb hatte ich auch fast keine Freunde.

So suchte ich auch immer öfter meinen Lieblingsplatz auf, ein paar Minuten von meinem Elternhaus entfernt.

Im Frühjahr war mein kleiner Hügel hübsch und anziehend. Da saß ich inmitten von tausenden Himmelschlüssel, schaute in die vorbeiziehenden Wolken, und träumte vor mich hin.

Bis zu jenem Tag, als ich meine Hände der Sonne entgegenhielt. Ich spürte eine besondere Wärme, ein unbeschreibliches Gefühl, ich spürte ich war nicht allein. Irgendetwas war da, jene Vertrautheit, jene himmlische Kraft, die ich schon lange spürte jedoch dafür keinen Namen fand. Aber allein diese Bewusstwerdung, werde ich niemals vergessen. Dieser weiß - goldene Lichtstrahl, der sich auf mich herabsenkte, durch meinen Körper ging, und mich dann einhüllte.

In diesem Gefühl vergaß ich Zeit und Raum. Nach Stunden dieser wundervollen Begegnung ging ich nach Hause, als würde ich keinen Boden unter meinen Füßen haben.

Doch die besorgten Gesichter meiner Eltern, die mich schon vermisst hatten, gaben meinen Füßen wieder den Boden.

Alles liegt in meinen Händen, diese Erkenntnis ließ mich nicht mehr los. Alles, was ich in meinen Händen hielt, verwandelte sich. So lebte ich zwischen zwei Welten und wusste nie wirklich wohin ich gehörte. Dabei wollte ich in diese kalte, lieblose Welt nicht gehören.

Der weiße Lichtstrahl

Nach meiner Schulzeit besuchte ich die Lehre als Einzelhandelskaufmann.Ich wusste auch nicht warum, denn das wäre von mir aus das Letzte gewesen. Damals entsprangen mir schon Gedanken wie: „Für irgendetwas wird's schon gut sein."

Mein Traumberuf war mit fünf Jahren ein großer Gutshof mit vielen Tieren, einem großen Garten und alten Bäumen. Mit dreizehn wollte ich Altenpflegerin werden. Aber wie ich heute weiß werden wir geführt, was ich damals nicht richtig wahrnahm. So beschränkte ich mich darauf gewisse unerreichte Ziele, als Wünsche abzusenden, mit dem Gefühl vielleicht erfüllen sie sich doch einmal.

Denn als ich mit neunzehn Jahren heiratete und mein damaliger Mann einen Bauernhof hatte kam das Bild meiner Kindheitsträume wieder hoch.

Ja da waren diese Visionen die mich immer wieder in meinem Leben begleitet haben. Ich horchte wieder mehr in mich hinein. Na klar wusste ich mit den meisten Dingen nichts anzufangen. Trotzdem investierte ich Energie und Kraft in dieses Leben.

Als meine erster Sohn drei Jahre alt war, hatte er drei Tage hohes Fieber. Ich saß an seinem Bett, legte meine Hände an seine Stirn und Scheitel, und wünschte mir mit aller Kraft er möge gesund werden. In diesem Augenblick senkte sich dieser weiß-goldene Lichtstrahl auf uns herab und hüllte uns ein. In diesen Sekunden wusste ich, es war der Lichtstrahl von damals auf meinem kleinen Hügel. Ich sah meinen Schutzengel und nannte seinen Namen.

Von Tag zu Tag wurde ich sensibler. Ich verstand die Sprache mancher Menschen nicht mehr. Wie konnte man in so belanglose Dinge soviel Kraft vergeuden: Gespräche über andere Menschen - diesen berühmten Dorfklatsch, oder pausenlos fragen, was zieh ich an, oder wer mit wem. Mich kotzte das an. Ich suchte Menschen, die so dachten wie ich , doch diese zu finden war nicht immer einfach.

Die einzige Liebe und Erfüllung fand ich in meinen Kindern.

Die Kraft meiner Gedanken

Es lebt in unserem Ort eine Frau in meinem Alter. Auch sie hat zwei Kinder so wie ich. Eines Tages erzählte mir meine Mutter, dass sie sehr krank sei, dass sie ständig an Gewicht verlor und dies schon seit einigen Monaten. Eine Krankheit hatte von ihr Besitz genommen und es sei unwahrscheinlich, dass sie gesund werde.

Tief in meinen Inneren spürte ich, dass ich dieser Frau helfen könnte. Am Abend, wenn ich im Bett lag stellte ich mir vor, dass ich ihren Körper in meine Hände nähme, und Kraft- und Heilungsenergie in sie fließen ließ. Um das Ganze zu verstärken bat ich Gott ihr einen Tag meines Lebens zu schenken - für ihr Leben. Und es war ein schönes Gefühl einem Menschen helfen zu können. Dies machte ich nun jeden Abend. Das tolle war, ich hatte deswegen nicht weniger Kraft. Im Gegenteil, ich fühlte mich gestärkt, hätte Bäume ausreißen können. Dies war der Anfang für mich meine wunderbaren Hände zum Heil für andere einzusetzen. So fand ich jeden Tag irgendwo Grund und Anlass die Kraft meiner Hände einzusetzen und kleine Wunder wirken zu lassen. Bald hatte ich soviel Tage verschenkt, dass ich mir sagte, einmal nachzurechnen wie viele mir selbst noch blieben.

Doch im Gegenteil spürte ich ganz tief in mir, dass es immer mehr Tage wurden anstatt weniger. Und diese Gedanken, welche zu den dazugehörigen Bildern auftauchten, konnten keine Zufälle sein - sie gehörten ganz einfach zusammen.

Bild - Kraft - Gedanke - Erfüllung

Je mehr ich mich diesem Fluß des Lebens hingab, desto mehr fing ich mich an von anderen Menschen zu unterscheiden. Bewusst oder unbewusst bekam ich Informationen, wusste nicht immer, was sie bedeuteten. Trotzdem war ein gewisses Vertrauen vorhanden sich führen zu lassen.

Ich spürte, der Himmel hatte mich geboren, er würde für mich sorgen. Ich brauchte ihm nur zu vertrauen.

Weißt du wie es ist?

Ein ganzes Leben bist
Du auf dem Weg und
weißt es gibt dieses Licht.

Du hast es schon oft
von der Ferne geseh'n.

Und dann hast Du
es gefunden - stehst davor,
lässt es in Dich fließen.
Du hältst den Atem an
und währenddessen
schiebt sich eine dunkle Wolke
vor dein Licht.

Du kannst es nicht -
willst es nicht glauben,
alle Strapazen, die Du auf Dich
genommen hast
in deinem Leben um dieses Licht
zu finden - und dieses Gefühl
zu spüren - soll für immer vorbei sein?

Und da merkst Du
wie sinnlos auf einmal
Dein Dasein wird,
ohne dieses Licht!

Und Du fragst Dich
wer hat mehr Kraft.
Das Licht oder die Wolke?

Hoffnung kommt in Dir auf,
stehst da und weißt
in diesem Moment
gibt es nur einen Freund.

Du kennst seinen Namen
und rufst nach Ihm!

Vertrauen - wo bist Du -
lass mich jetzt nicht allein!

So wie ein Kind seiner Mutter vertraut. Stell dir vor, Du hast ein Kind, schaust in die Wiege, willst nur das Beste für dein Kind. Und es würde dir ins Gesicht sagen: „Zu dir habe ich kein Vertrauen!" Wie entsetzt würdest du reagieren? Na also, warum stellst du dir nicht vor ein Kind des Universums zu sein? Was hindert dich daran - deine Erziehung - deine Blockaden, die du ein Leben lang zusammengetragen hast? Dann löse sie!

**Denn was du jetzt nicht tust -
nicht sagst - tust du nie mehr!**

Jetzt fragst du mich? Wie löse ich meine Blockaden? Lies weiter, du wirst sehen, wenn du es einmal weißt, ist es ganz einfach. Bis jetzt habe ich auch nicht gewusst, was ich dazu beitragen kann. Aber wenn man es einmal weiß, dann geht's ab als fährst du mit der Achterbahn.

Die Führung meiner himmlischen Helfer

Dann kam jener Tag, wo ich mit meinen vier Kindern ein neues Leben begann. In einem wunderschönen großen Garten mit vielen alten Bäumen und einem kleinen Häuschen. Als ich dies zum ersten Mal betrat, spürte ich ein vertrautes Gefühl, tiefe Zufriedenheit, sich wieder einmal am richtigen Ort zu befinden, durch die Führung meiner himmlischen Helfer. Jeder andere Mensch wäre davongerannt. Denn nach außen hin sah es alles andere aus als einladend. Auch die Aussage, ich würde mein eigens Elend nicht sehen, konnte mich nicht abhalten aus dem Nichts etwas zu machen. Ein altes Haus, ein verwilderter Garten und kein Geld. Mein Trost war immer ich hab' ja „meine Hände". Es waren die schwersten Zeiten meines Lebens - aber auch meine schönsten. Und sie wurden immer schöner. Ruhe und Friede kehrten ein.

In meinem neuen Heim gab es ein kleines Öfchen, an dem ich jeden Morgen Feuer machte. Und jedesmal, wenn ich mein Streichholz zündete, gab ich einen Wunsch mit in meine Heimat - dem Himmel - sie mögen mir diese Dinge doch schicken. Denn anders waren sie für mich unerreichbar.

Es war wundervoll, es erfüllten sich manche Dinge ganz schnell, andere ließen auf sich warten. Aber ich gab die Hoffnung nicht auf. So erfüllte sich auch jener Wunsch, nach so vielen Jahren, dass ich Arbeit in der Altenpflege bekam. Weißt du noch? Es war mein Wunsch mit dreizehn Jahren. Jetzt sollte er sich für mich erfüllen, jetzt war der richtige Augenblick. Lernen ist eine unserer Aufgaben hier auf Erden. Wir bekommen alles im richtigen Augenblick. Auch wenn du am Anfang nicht ganz daran glaubst. Es ist so!

    Ich war glücklich. Mir wurde immer mehr bewusst wie's funktioniert. Da fielen mir Dinge ein wie: Wenn ich in all den Jahren zu meinem Elternhaus fuhr, und bog die Straße links ein, sah ich, mein Weg führt mich die Straße gerade weiter zu meinem Zuhause. Ich konnte nicht's damit anfangen. Bis zu jenem Tag, an dem ich mein „altes Häuschen" bezog. All diese Dinge kamen jetzt zum Vorschein. In der Zeit, wo andere Menschen schlafen, arbeitete ich an meinem Leben. Versuchte jene Erlebnisse, die meiner Seele Schmerz erfahren ließen, durch Schreiben und durch Verbrennen meiner Schriftstücke aufzulösen. Was mir auch sehr gut gelang.

Trotzdem spürte ich eine gewisse Unausgeglichenheit in meinem Körper. An manchen Tagen hatte ich Kopfschmerzen, mein Magen drückte mich und ich spürte irgendetwas wollte mir mein Körper sagen.
Da will etwas heraus aus mir!

So begegnete mir Reiki

Eine Arbeitskollegin, zu ihr hatte ich einen besonderen Draht, fuhr mit mir eines Abends zu einem Reiki-Treffen. So nannte sich das. Ich konnte mit diesen Worten nichts anfangen, meinte aber, ich könnte es mir ja einmal ansehen. Bei ihr lösten sich jedesmal so viele Dinge, und sie fühlte sich danach immer sehr wohl.

Nach diesen drei Stunden, die wir in diesem Haus verbrachten, war mein Kopfschmerz weg. Alles andere war für mich nichts Neues. Die Wärme in meinen Händen, aber auch die Energie, spürte ich schon immer fließen. Mir fiel auch spontan dieses Erlebnis mit einem kleinen Kalb ein, dessen Fuß gebrochen war, und dem ich jeden Tag meine Hände auf die betroffene Stelle legte. Nach einigen Wochen war der Bruch so weit verheilt, dass es nicht geschlachtet werden musste und wieder gehen konnte. Welche Freude ich damals empfand war in Worte nicht auszudrücken.

Meine Arbeitskollegin hatte sich schon für das erste Seminar angemeldet. Das wollte ich natürlich auch. Leider - es waren schon elf Teilnehmer. Ich musste bis zum nächste Termin warten, was ich damals überhaupt nicht verstand. Bei elf Teilnehmern würde es doch auf mich nicht mehr ankommen. Heute wären für mich alle elf zuviel. Bei meinen Seminaren widme ich mich nur einer Person. Doch aus als diesen Dingen hatte ich meine Erfahrung gesammelt, für welche ich sehr dankbar bin.

Endlich, drei Monate später, war auch für mich der große Tag gekommen. Samstag neun Uhr Vormittag. Beginn unseres Reiki Seminar's - der erste Grad. Ich freute mich darauf wie ein Kind auf Weihnachten. So war es auch! Unsere Gruppe bestand aus sieben Personen. Alle zehn Minuten ging eine von uns mit unserer Reikimeisterin in ein Nebenzimmer. Zwei Frauen, die vor mir ihre Einweihung erhielten, kamen heraus, setzten sich auf ihre Plätze, nahmen ein Buch und lasen darin. Ich konnte vorher nicht lesen, nicht erst danach. Nicht weil ich große Erwartungen hatte, sondern weil ich wahnsinnig viel Liebe und Freude im Herzen spürte.

Ich war an der Reihe. Ich ging in das Nebenzimmer und setzte mich auf einen bereitgestellten Sessel. Meine Reikimeisterin stand vor mir. Auf einem kleinen runden Tisch brannte eine Kerze. Ich schloß meine Augen. In den nächsten zehn Minuten hatte ich das Gefühl die Erde stand still. Es gab nur mich in diesem grenzenlosen Universum. Die wundervollsten Farben, die vor meinem geistigen Auge zu einem Regenbogen verschmolzen, hüllten mich immer wieder ein. Das Gefühl von unendlicher Liebe, es ist unbeschreiblich um es in Worte zu fassen, stieg in mir hoch, floss durch meinen Körper und weit darüber hinaus. Sowohl meine Handflächen, als auch meine Fußsohlen brannten, als hätte ich glühende Kohlen darin. Mein bisheriges Gefühl, es war noch viel, viel stärker geworden.

Als ich mich dann von meinem Platz erhob und das Zimmer verließ, hielt ich meine Hände vor meinen Bauch. Mir war als hätte ich da, wo zuvor noch mein Bauch war, ein Loch. Ich spürte es, als würde der Wind durchblasen.

Als ich meine Reikimeisterin später danach fragte, sagte sie mir, dass sich Blockaden gelöst hätten. Mein Chakra wäre nun frei.

In der gemeinsamen Medidation wurde es mir bewusst. Meine Ängste, die ich all die Jahre von Kindheit an hatte, hatten sich gelöst.

Jenes Erlebnis, als ich mit dem Tod konfrontiert worden war, durchlebte ich ganz neu in dieser Medidation.

Nach der Geburt eines meiner Kinder hatte ich zwei Tage lang hohes Fieber. Am dritten Tag um Mitternacht war meine Seele auf dem Weg zum unendlichen Licht. Es war wunderschön. Vor mir dieses helle Licht. Es zog mich durch einen dunklen Schacht dem Lichte immer näher.

Doch ich hatte meine Mission noch nicht erfüllt, darum holten sie mich unsanft auf die Erde zurück. Meine Seele kehrte wieder in den Körper zurück. Dies erlebte ich jetzt ohne Druck und ohne Angst. Mein Solarplexus war frei. Ich weinte Freudentränen.

Nach diesem Wochenende lösten sich in den nächsten einundzwanzig Tagen - Reinigungszeit, noch sehr viele Tränen und Blockaden. Ich wurde noch feinfühliger, meine Visionen noch häufiger und für mich verständlicher.

Ich möchte hier an dieser Stelle ein paar Sätze an dich richten. Sag nicht um Gottes Willen was sich da alles „tut", das möchte ich nicht erleben. Reiki hat jeder in sich, diese Art von Energie fließt durch jeden Menschen. Durch dich, durch mich. Die Frage ist nur wie weit lässt du es zu , dieses Spüren, dieses Fließen in dir.

Denn jeder Mensch wird nur soviel Energie spüren, wie weit er es selbst geschehen lässt. Nicht mehr und nicht weniger. Durch den Reifeprozess, den wir mit Reiki erleben, werden uns plötzlich Dinge bewusst, die wir jahrelang in uns tragen, nur nicht wahrnehmen. Seid deshalb, nicht voreingenommen, aber auch nicht ängstlich. Dafür hast du deinen Reiki Meister oder Meisterin, welche dich führen. Und du wirst bestimmt zu dem, der für dich in diesem Augenblick der Richtige ist, hingeführt.

Ganz egal wie vielen du danach begegnest. Heute brauchst du geraden **Diesen.** Das Ziel auf diesem Weg ist den Sinn zu finden, Liebe zu geben und Liebe zu erfahren. Ohne Wenn und Aber.

Vergeude deine Zeit nicht mit Fragen warum erlebe gerade ich das, warum habe ich gerade diese Krankheit oder dieses Problem. Weil es deine Aufgabe ist daraus zu lernen. Und dafür sei unendlich dankbar. Glaub ja nicht vor irgendetwas davonlaufen zu können, es holt dich wieder ein. So lange bist du es begriffen hast, den Sinn jener Sache verstanden hast. So ist das Leben. Ein einziger Weg des Lernens - bis hin zur freien Seele. Sei überzeugt, jetzt in diesem Moment wo Probleme, Krankheiten oder andere Zeichen in deinem Leben auftauchen, ist jetzt der richtige Augenblick.

Dein Körper hat die nötige Kraft, sonst würde es dir nicht geschickt.

Vergiss auch nicht Affirmationen (positive Gedanke) zur diesweiligen Situation einzusetzen.

Dein Inneres speichert bekanntlich alle Gedanken, die im laufe deines Lebens Muster werden. Oft setzt du sie für Situationen ein, die wahrscheinlich längst überholt sind. Mach mal Reinigung in deinem Inneren, räum mal aus und finde neue Gedanken. Positive!

Der Wind

Gehe hinaus in die Natur. Es ist ein wunderschöner Tag. Die Sonne scheint und der Wind bläst dir um die Ohren. Mach deinen Mantel weit auf - breite die Arme aus. Ob kalt oder warm. Spüre wie der Wind durch dich bläst - wie er dich reinigt - dir neue Energie bringt.

Lausche - öffne deine Ohren. Er flüstert Dir aufregende, vielleicht auch liebevolle und zärtliche Worte zu. Dein Mund zeigt ein Lächeln. Deine Augen verschmelzen mit dem Horizont, in denen all deine Wünsche und Sehnsüchte verborgen sind.

Öffne dein Herz, nimm dieses Gefühl in dir auf und trage es mit in deinen Alltag.

Vielleicht bist du jetzt auch meiner Meinung!

„Ich liebe den Wind!"

Affirmationen

Ich fühle mich frei!
Jeder Augenblick ist ein Neubeginn!
Ich kann Dinge verändern!
Das Leben liebt mich!
Ich nehme mich liebevoll an!
Ich liebe mich!
Das Göttliche in mir erkennt das Göttliche in dir, sowie du in mir!
Ich akzeptiere meine Fehler,
denn aus ihnen kann ich lernen!

Ich habe mich gefunden!

In dieser Zeit, als ich gerade dabei war mein Leben umzukrempeln, veränderte sich auch mein Umfeld. Manche Menschen, von denen ich glaubte sie wären Freunde geworden, blieben immer öfter fern, und fremde Menschen kamen auf mich zu. Wollten Ratschläge, fragten mich wie ich mein Leben meisterte und spürten die Veränderung in mir. Ich war wissbegierig geworden. Seit meinem Ersten Grad las ich nächtelang Bücher, aus denen erst jetzt Zusammenhänge von Psyche und Krankheiten hervorgingen. Am Anfang ist der Mensch unglücklich, daraus entsteht die Blockade. Löst man die Blockade wird der Energiefluss wieder frei. Bei nicht Auflösung entsteht Krankheit, deren Wurzel in die Seele greift.

Ich hatte in den vergangenen Jahren gute Erfahrungen mit Bachblüten und alternativen Heilmethoden gemacht. So kam es, dass die Menschen zu Gesprächen und Beratungen zu mir kamen. Es war schön an andere Menschen, zum Teil Frauen, meine Erfahrungen weiterzugeben.

Ich meldete meine Tätigkeit als Gewerbe an um auch offiziell in Erscheinung treten zu dürfen. Es machte mir Freude zu sehn' wie die Menschen niedergeschlagen kamen, und voll Kraft und neuem Lebensmut nach Hause gingen.

Vor allem die Reikibehandlungen, die ich schon so oft einsetzte, zeigten große Erfolge.

Ein paar Monate später machte ich den zweiten Grad von Reiki. Auf dem Weg zum Seminar sagte ich zu einer Freundin: „Eigentlich weiß ich, wie es funktioniert. Ich hab das schon so oft praktiziert." Sie fragte mich. „Was hast du praktiziert?" „Du weißt schon dieses Reiki - schicken. Mir fehlen nur noch die Symbole." Sie verstand überhaupt nicht wovon ich sprach.

Gedanken aus meiner Vergangenheit tauchten wieder auf. Dieses Erlebnis mit jener Frau. Da hatte ich nicht einmal eine Ahnung, dass es Reiki gab. Ihr Gesundwerden war für mich wie ein Wunder. Meine täglichen Sitzungen, in denen ich ihr Kraft und Energie sandte. Meine Freundin konnte dies nicht so richtig glauben, was ich ihr da erzählte, das spürte ich.

Am Ende dieser zwei Tage war es meine Bestätigung, die Symbole haben mir noch gefehlt. Jetzt konnte ich weiter arbeiten und weiter lernen.

An diesem Wochenende habe ich geweint. All meine Sorgen haben sich gelöst. Einundzwanzig Tage Reinigungszeit folgten. Mein Vertrauen wurde noch stärker. Ich spürte mit diesen Symbolen konnte ich alles erreichen, wenn ich nur wollte und die Führung meinen himmlischen Helfern überließ.

An einem wunderschönen Sonntagvormittag saß ich auf meiner Bank vorm Haus und sah in den Himmel. Der Himmel wurde ein tiefes Meer, in welches ich eintauchte. Blaue Farbe strömte durch meine Chakren. Ich spürte die Verbindung zu den gefühlvollsten Wesen neben der Menschheit, den Delphinen. Vor mir entstand ein wundervolles Bild, eine Vision, wie ich sie vorher noch nicht kannte. Ein Delphin schwamm vor mir, der eine zur linken der andere zur rechten Seite. Sie nahmen mich in ihre Schwingung auf. Ich schwamm mit ihnen auf ihrer Welle. Auf dieser Ebene gab es keinen Schmerz, keinen Hass nur Liebe und Freude.

Mein Körper war so leicht, dass ich ihn nicht mehr spürte. Einen Zustand, den ich mir lange erträumt hatte. Nun gab es Wesen, die dieses Gefühl mit mir teilten. Meine drei Freunde gaben mir Zeichen, dass ich auf der richtigen Welle schwamm.

Die letzten Zweifel lösten sich auf. Ich spürte, ich bin auf dem richtigen Weg. Ich erinnerte mich an jenen Tag, als ich auszog um etwas zu finden.

Etwas, was noch keiner um mich herum gefunden hatte, obwohl sie alle suchten „irgendwo" - in Geschäften, in Lokalen, bei anderen Menschen aber nur nicht in sich selbst. Ich bin lange mit diesem Strom mitgeschwommen.

Die Delphine vermittelten die Freiheit auf ihrer Welle, grenzenlos, im weiten Ozean, nicht so sein zu müssen wie ein anderer. Jetzt wollte ich sie erleben meine Welle, jetzt wo ich sie gefunden hatte. Ich bat die Delphine mich weiter auf meinem Weg zu begleiten, mir die Botschaften für die Menschen zu senden.

Ich bedankte mich, für mich und dich.

Das Bild vor meinen Augen verschwamm, Tränen hatten sich gelöst und rannen über mein Gesicht. In einem einzigen Augenblick hielt die Welt den Atem an.

   Ich
      habe
         mich
            gefunden ...

Finde deine Freiheit

Ja dieses Leben ist schön! Es ist alles da, du brauchst es doch nur zu leben. Sieh dich nur mal um. Du musst dieses Leben nicht **so** leben wie bisher, du kannst es verändern. Du kannst es annehmen - du kannst loslassen - Dinge, die du nicht annehmen willst. Aber mache es, du hast alle Freiheiten dieser Welt. Fühle dich frei! Und in diesem Augenblick wird es geschehen - ist es geschehen.

Die ersten zwei Reikigrade hatten in mir meine Ängste und Sorgen gelöst. Jetzt fehlte mir noch die vollkommene Liebe zu finden, zu mir und zu allen Wesen ohne zu urteilen. Der Kreis sollte sich schließen. Ich sollte auf jede Frage eine Antwort finden.

An diesem Tag, als ich meine Meistereinstimmung empfing, durchfloss meinen Körper eine mir ungewohnte Ruhe. Nichts und niemand hätte mich aus diesem Gleichgewicht gebracht. Ich sah wieder ein Zeichen - die Einheit.

Mein Körper, mein Geist und meine Seele spielten die selbe Melodie. Eine Melodie, die alle Stürme des Lebens ausgleicht, und jeden Impuls zur richtigen Zeit weiterleitet.

Meine Einstimmung in den Meistergrad war an einem Mittwoch. Meine Reikimeisterin war nicht dieselbe, wie bei den ersten beiden Graden. Sie kam zu mir nach Hause, was ein langersehnter Wunsch von mir war. Doch über Wünsche dachte ich ja schon lange nicht mehr nach, die erfüllten sich sowieso schon alleine. Außerdem war ich in der Zwischenzeit schon wunschlos glücklich.

Weil ich zum einen, ein zufriedener Mensch bin und zum anderen nicht viel brauche um glücklich zu sein. Mein Wunschdenken setzte ich auch ab und zu für andere Menschen ein, die es noch nicht so beherrschten.

Doch wieder zurück zur Einstimmung. Ich saß da auf meinem vielgeliebten Platz, hielt meine Augen geschlossen, meine Hände lagen auf meinen Oberschenkel. Was würde heute wohl geschehen? Ich durfte schon soviel Schönes erfahren, konnte mir nicht vorstellen, welches Wunder es noch geben könnte. Dies waren meine letzten Gedanken, dann ging meine Seele auf Empfang. Was ich jetzt verspüren durfte, war weit von meinen menschlichen Vorstellungen entfernt.

Ich saß auf keinem Sessel, spürte keine Reikimeisterin, es gab keinen Boden unter meinen Füßen.

Ich war im Himmel, Engelchöre sangen, goldene Sterne umgaben mich. Ich trug ein wunderschönes weißes Kleid. Ich spürten die Vollkommenheit. Zwei Hände lagen auf meinen Schultern. Ich sah einen großen Engel - meinen Schutzengel, der sagte zu mir: „Ich bin immer bei dir!" So oft ich mich auch fragte, wie mein Schutzengel wohl heiße, bekam ich nie einen Impuls oder Namen. Nun stand er ganz groß vor mir. Meine Augen lasen und mein Mund sprach es aus. „Michael!" Jetzt wusste ich, wonach ich gesucht hatte. Dieses verborgene, dieses große Geheimnis war enthüllt.

Als ich ganz langsam meine Augen öffnete, stand meine Reikimeisterin einen halben Meter von mir entfernt. Ich sah sie an, sie lächelte. Ich hatte das Gefühl es war ein Traum. Sie sagte, dass sie so eine wunderschöne Einstimmung noch nie erlebt habe. Es wäre, als hätten Engel gesungen. Ich fühlte mich frei und doch erfüllt mit soviel Liebe. Ich fragte sie, ob ihre Hände pausenlos auf meinen Schultern gelegen hatten. Sie verneinte. Ich kam aus dem Staunen nicht heraus.

Nach einer Weile gestand ich ihr, dass sie meine Situation voll ausnützen könnte, was den Energieausgleich betreffe. Hätte sie zu mir gesagt: „Gib mir alles was du hast, ich hätte es getan."

Ich konnte diesem wundervollen Gefühl keinen materiellen Wert zuordnen und für keinen irdischen Besitz eintauschen. Von dieser Stunde an hatte ich etwas gelernt, woran ich nie geglaubt hätte.

Loslassen
Ich hatte das Gefühl jedem Menschen, der mir begegnet, möchte ich etwas schenken.

Ich habe mich verändert

All mein Denken,
mein Fühlen,
mein Sehen,
mein Gehen,
mein Wahrnehmen
ließen mich meiner Berufung folgen.

Mein Herz öffnete sich,
und all jene Liebe,
die ich als Geschenk
empfangen durfte,
wofür ich mich jeden Morgen
und jeden Abend bedanke,
darf ich an euch mit
weitgeöffneten Händen weitergeben!

Nimm es an als Geschenk
der Schöpfung
was immer
für dich das Höchste
und Göttlichste sein mag.

Trage es
auch du weiter
zu einem Menschen
Welcher Trost, Schutz
oder Beistand braucht.

Denn so kann
Liebe und tiefer Frieden
über unser Land
und unsere Welt herrschen.

Besinne Dich wer Du warst!
Besinne Dich wer Du heute bist!
Besinne Dich wer Du morgen sein möchtest!

Die Praxis mit Reiki

Reiki - war mein Lebensinhalt geworden. Die Wärme in meinen Händen verschwand nicht mehr. Ich war reich. Dieses Gefühl zu besitzen war für mich so faszinierend, ich wollte es jedem weitergeben. Im Anschluss daran machte ich auch meine Ausbildung als Reiki - Lehrer, um auch selbst Seminare und Reiki - Einstimmungen durchführen zu können.

In diesem Abschnitt des Buches möchte ich mich bei meinen Reiki - Meisterinnen Elfriede und Irene bedanken. Besonders bei dir Irene, du hast mich über diese Schwelle geführt, wo materielle Dinge im Schatten stehen. Die universelle, unendliche Liebe im Licht. Obwohl ich ein altes Haus gekauft hatte und soviele Dinge nötig hatte, nicht mal das besaß, was für andere selbstverständlich war, war ich glücklich und zufrieden. Ich machte mir keine Sorgen. Ich hatte göttliches Vertrauen.

**Die da Oben werden das schon richten!
Und mir immer helfen.**

Ein Wunsch aus vergangenen Jahren wurde mir wieder bewusst. Ich hatte mir einmal gewünscht jeden Tag soviel Geld zu besitzen, wie ich gerade brauche.

Und sollte ich einen Tag mehr verbrauchen, dann habe ich mir am Vortag etwas erspart. So geht es sich immer wieder aus. Kennst du die Konto Heinzelmännchen?

In dieser Zeit kamen immer mehr Menschen zu mir wollten mir ihren Kummer und ihre Sorgen erzählen. Ich fing an meine ersten Reikieinstimmungen durchzuführen. Eine innere Stimme sagte mir es mit jeder Person einzeln zu praktizieren. So machte ich es auch. Ich kannte den Unterschied zwischen einer Gruppe und einem Einzelseminar. In diesen Stunden kann ich mich ganz den Menschen widmen und hineinfühlen.

In meiner ersten Einstimmung kam die Botschaft der Delphine. Die Medidation! Dazu hatte ich Bilder, die ich im Unterbewusstsein der Einweihenden sah. So ist es heute noch. Ich gehe mit ihnen auf eine Reise in ihr Inneres. Sie öffnen sich. Dadurch können sich Blockaden lösen und Heilung einsetzen. Lachen und Weinen lösen ihre Blockaden. Es ist jedesmal ein Erlebnis für sich.

Bald darauf gab es die Medidation auf meiner ersten CD, um dich auch in deinem Alltag zu begleiten.

In diesem Jahr gab ich die Anstellung in der Altenpflege auf und konzentrierte mich immer mehr auf jene Menschen, die meine Hilfe auf energetischen Weg beanspruchten. Dies alles liegt einige Jahre zurück. Ich habe keine meiner Schritte bereut. Weil ich meiner Intuition gefolgt bin und mein Hobby zum Beruf gemacht habe.

Würden alle, die in ihrer Arbeit unzufrieden sind, untereinander tauschen, hätte jeder das Seine gefunden. Alle würden mit Freude arbeiten und für die Firmen wäre das noch ein zusätzlicher Erfolg. Es liegt also nur an dir in dich hineinzuhorchen.

Was möchte ich?

Nimm ein Blatt Papier, schreibe auf welche Arbeit dir Spaß macht. In welcher Umgebung du arbeiten möchtest, mit welchen Menschen. Stell dir ein fertiges Bild vor deinem geistigen Auge vor. Dann gehe diesen Weg Schritt für Schritt. Versuche nichts zu überspringen, du brauchst alle Lernprozesse die dir auf diesen Weg begegnen um am Ziel auch Glücklich zu sein. Oft siehst du in den Menschen, die dich umgeben, einen Spiegel. Manchmal zeigt er auch eigene Fehler an. Fühle, ob du an ihrem Verhalten Emotionen verspürst?

Wenn ja, ist es für dich noch ein Thema, welches du aufarbeiten solltest, um wieder vorwärts zu kommen. Manchmal hindern uns auch karmische tiefliegende Blockaden. Gib trotzdem nicht auf, es gibt nichts was du nicht bewältigen könntest.

Und wenn du jetzt meinst, die ist ja verrückt, dann glaube es. Ich kann damit leben. Denn ich weiß, ich war auch einmal in deiner Situation oder in einer ähnlichen. Ich habe aber nicht gewartet bis sich zufällig **um mich** etwas verändert hat, sondern habe die Schlüssel selbst in die Hand genommen und die vor mir liegenden versperrten Tore geöffnet.

Beginne bei dir selbst und fang nicht an, den ander'n zu ändern!

Während ich dieses Buch schrieb, hatte ich manchmal das Gefühl hundertmal das Gleiche zu sagen. Falls du auch dieser Ansicht bist dann denk nicht zu lange darüber nach. Manche Dinge kann man nicht oft genug hören bis sie ins Bewusstsein gehen.

Im Unterbewusstsein trägst du deine Vision vielleicht schon eine stumme Weile.

Meine Kanäle werden frei

Manche Menschen kommen zu mir und erzählen mir ihre Probleme. Während dieses und jenes Thema aufgegriffen wird, erkundige ich mich über ihre Ernährung. Zu neunzig Prozent stelle ich fest, dass Menschen aus Gewohnheit essen, und nicht, weil sie Hunger haben. Sie können die Entgiftung und Reinigung ihres Körpers nicht von ihrem Hungergefühl unterscheiden. An Hand von Erfahrungen verschiedener Menschengruppen, die in sich lauschten um ihre eigene Empfindung wahrzunehmen, ist die höchste Entgiftungs- und Ausscheidungsphase in der Zeit von vier Uhr morgens bis zehn Uhr vormittags. Diverse Werte sind auch in verschiedenen Fachbüchern nachzulesen. In dieser Zeit stopfen wiederum fünfundsiebzig Prozent der Menschheit ihr Frühstück und was weiß ich, was alles hinunter. Seht euch die Kinder an! Sie würden euch zeigen, wann Essen der Gesundheit entspricht, wann man Hunger hat.

Ich kam zu dem Entschluss meine Nahrungsaufnahme nach meinem Körper zu richten, nach meiner inneren Uhr. In den letzten Jahren esse ich um zwei Drittel weniger. Entgifte und Entschlacke mich dadurch regelmäßig.

Mein Gewicht blieb auch in dieser Zeit gleich, welches ich seit meinem sechzehnten Lebensjahr hielt, obwohl ich sehr wenig Fleisch zu mir nahm. Dafür aber ausreichend Gemüse und Getreideprodukte, die meinen Bedarf deckten. Wichtig dabei ist viel Flüssigkeit zu sich zunehmen. Dadurch wird der Abtransport der Gifte und Schlacken gefördert. Minerale und Vitamine werden durch den Energiefluss besser aufgenommen. Empfehlenswert ist Quell- oder energetisiertes Wasser.

Obwohl auch ich vor einigen Jahren noch zwei Tafel Schokolade auf einmal essen konnte, veränderte sich mein Gewicht dadurch nicht. Meine Haut jedoch verlor ihren Teint und mein Wohlbefinden war katastrophal. Zu dieser Zeit wusste ich natürlich, dass ein Problem zu Grunde lag. Diesem ging ich auf die Spur, habe es erkannt und verändert. Es war nicht leicht, doch auch diesmal hatte mir Reiki den Weg gezeigt. Das Problem lag an meinem damaligen Arbeitsplatz. Dieses Thema erwähnte ich schon in den vorigen Kapitel.

Alles läßt sich verändern, wenn du dich veränderst.

So sind wir schon ins nächste Kapitel hineingerutscht.

Wer kennt schon die Sprache
seines Körper!

Jeder Körperteil, jedes Organ, jeder Zentimeter deiner Haut liegt einem gewissen Gedankenmuster zugrunde und ist dem auch zugeordnet. Wenn du monate- oder jahrelang ein negatives Gedankenmuster in dir trägst, wie soll es eine positive Macht und Kraft in deinem Körper auslösen. Sagt dir dein Körper mit Schmerz, Druck oder Verletzung, was sich dahinter verbirgt, ist es einfach eine Lösung auf seelischer Ebene zu finden.

Wobei bedenke, wie chronisch oder verfahren ist deine Situation? Was du in zehn Jahren an Müll in deinem Körper zusammengetragen hast, schaffst du nicht an einem einzigen Tag aus dem „Haus". Mit Haus meine ich natürlich deinen Körper. Manchmal kann es Monate oder Jahre dauern um nach der Erkenntnis zu be-handeln. Außerdem ist dies mit Arbeit verbunden aber wer arbeitet schon gerne. Jeder sucht einen Ausweg. Doch letztendlich bleibt dir nur dieser „eine Weg". Und darum beginne jetzt, den jeder Augenblick zählt und „der" ist gerade der Richtige.

Wie befreie ich mich von Sucht

Was ist eine Sucht?
Sie ist ein Ersatz für Dinge, die unerreichbar scheinen. Doch ist es wirklich so? Spüre in dich hinein. Nimm ein Blatt zur Hand, schreib auf was für dich in diesen Moment unerreichbar scheint.

Was vermisst du?
Liebe
Zärtlichkeit
Selbstbewusstsein
Anerkennung
Sicherheit
Bewunderung
Selbstwert

Jeder Mensch versucht es anders auszudrücken. Andere schmücken es aus, indem sie rauchen, trinken oder sich anderen Gelüsten widmen. Der Anfang liegt bei Kindern oft schon im Volksschulalter. Man fragt sich: „Warum?" Was fehlt diesem Kind? Bekommt es zu wenig Liebe, Beachtung usw. Und jetzt wäre gefragt, wenn du als Mutter oder Vater die Gabe hättest dies herauszufinden. Es ist keine Schuld von dir, wenn du es bis jetzt nicht erspürt hast. Wir alle haben Lernprozesse durchzugehen.

Gerade deshalb möchte ich dir helfen diese Ebene der Bewusstwerdung zu erreichen, indem ich dir zeige, dass du diese Ebene mit Reiki erreichen könntest, nachdem deine Kanäle frei werden, dein Körper, Geist und Seele ihre Einheit finden.

Dann kannst auch du anderen Menschen helfen. So auch deinem eigenen Kind.

Was nicht heißen soll, dass mit Reiki keine Probleme auf dich zukommen. Manchmal löst es auch das Gegenteil aus.

Viele Menschen haben mich schon beneidet und meinen „du als Reikimeisterin" hast ja jetzt keine Probleme mehr. Aber dem ist nicht so. Durch meine Offenheit und meine Bereitschaft Probleme, die auf mich zu kommen, zu lösen, gebe ich ihnen nicht die Möglichkeit sich in meinen Körper als Blockade zu verankern. Reiki gibt mir die Kraft und zeigt mir den Weg zu allen Hilfsmittel, die mir das Universum zur Verfügung stellt.

Du bist wieder an jenem Punkt angekommen alte Blockaden zu lösen, um deine ganze Aufmerksamkeit den „Kleinigkeiten" deines Alltags entgegenzutreten.

Erkenne Sie - Löse Sie!

Unsere Hilfsmittel - Einheit zu finden

Ein Beispiel aus meiner Praxis.

Ein Mann kommt zu mir, er ist verzweifelt. Er sagt: „Du bist die Letzte zu der ich jetzt noch gehe. Wenn du mir nicht helfen kannst, dann lass ich alles sein. Ich habe schon alles ausprobiert." Da unterbreche ich den Mann. Und hat dir nichts geholfen? Für Sekunden wird es still und er sieht mich an. Meint dann ganz kleinlaut, das will ich nicht sagen aber. „Aber" das war nun der Punkt! Betrachte jeden Menschen, der dir geholfen hat als Station.

Wenn du heute ein Haus baust, brauchst du sehr viele Handwerker bis dein Haus fertig ist. Für deinen Körper willst du nur einen einzigen Menschen verantwortlich machen, damit es dir gut geht. Nach diesen Satz sah er mich an und bat um meine Vorschläge, wie ich ihm helfen könnte.

Ich nahm ein Blatt Papier teilte es mit einem senkrechten Strich in zwei Spalten. Danach gab ich es dem Mann. Mit einem roten Stift schrieb er auf der linken Seite: „Was macht mich glücklich!" Auf die rechte Seite: „Was macht mich nicht glücklich!" Der Mann bekam ein paar Minuten Zeit einige Dinge, die ihm spontan einfielen, aufzuschreiben.

Auf der linken Seite standen nur zwei Sätze. Auf der rechten Seite stand das Dreifache. Ich erklärte ihm, er soll die Sätze auf der rechten Spalte umwandeln. Natürlich einmal im Gedanken und dann in die linke Spalte eintragen. Zuerst meinte er, das sei unmöglich, doch mit ein paar Veränderungen wäre dies nicht ausgeschlossen. Wir nahmen für den Anfang mal einen Satz. Er wollte versuchen dieses Problem bis zu unserem nächsten Termin, in vierzehn Tagen zu ver-ändern. Der Mann strahlte am Ende unserer ersten Sitzung. Dabei hatten wir doch gar nicht „viel" getan.

Als mir der Mann zum Abschied die Hand reichte meinte er, eigentlich hab ich das fast selbst erkannt. „Ja", sagte ich: „Ich war nur dein Hilfsmittel."

Bei der nächsten Sitzung, die der Mann bei mir wahrnahm, hatte er seinen Job gewechselt. Denn zweiten Satz aus seiner rechten Spalte, hatte er zum größten Teil gelöst. Seine bisherigen Beschwerden waren minimal. Diese Beschwerden, die sich nach meinem Ermessen in einem Anfangsstadium der Psyche befanden. Nach und nach lösten wir all seine Blockaden.

Siehst du so einfach ist das Leben!

Den Sinn des Lebens finden

In den Jahren, in denen ich nun als Reikimeisterin arbeitete, habe ich ein Reiki - Stammbuch angelegt. Jede und jeder von mir eingeweihter Reikianer schreibt sein Empfinden und sein Gefühl nach der Einstimmung in dieses Buch. Es sind wunderschöne Empfindungen, die Herzen offenbaren können. Ein paar Impulse aus diesem Buch möchte ich dir schenken.

    Ich wurde von einem unbeschreiblichen
Licht durchflutet und seither weiß ich das,
wonach die Menschheit seit jeher sucht.
Ich kenn' den Sinn des Lebens!

    Der Sinn liegt darin Liebe zu geben
und Liebe zu erfahren.

    Nur wer bereit ist alles auf dieser Welt
zu lieben, dem wird die vollkommene
Liebe zufliegen.

    Lieber Gott ich danke dir, dass du meinen
Weg in dieses Haus zu diesem Menschen
geführt hast.
Auf dem Weg zum unendlichen
                                    Licht!

Ich als Reikimeisterin

Ich bin Meister einzig und allein über mein Leben, dessen bin ich mir bewusst.
    So wie du Meister über dein eigenes Leben bist.
Ich trage die Verantwortung über mein Leben, sowie du über deines.

Ich habe die Weisheit und das Vertrauen,
mich von Reiki führen zu lassen,
im Herzen frei und unabhängig,
dem göttlichen Gesetzen,
in Frieden mit allen Nationen,
dieser Liebe Ausdruck zu verleihen!

In meinem Herzen höre ich die Stimme,
    Deiner Seele!
In meinem Herzen spüre ich den Schmerz,
    Deiner Seele!
Im meinem Herzen heile ich die Wunden,
    Deiner Seele!

In meinem Leben bin ich bereit mich, meinen Körper, meinen Charakter, meine Eigenschaften und meine Lebensaufgabe, die ich mir selbst erwählt habe anzunehmen, zu lieben und auszuführen!

Mein Gebet endet täglich das Licht möge meine frei Seele zurück in meine Heimat den Himmel führen!

Ich wünsche mir in einem einzigen Augenblick des Tages, einundzwanzig Uhr, mit allen Menschen auf dieser Erde, in diesem Universum eins zu werden!
Es ist schön, dass auch du ab heute zu unserer Familie gehörst.

Verantwortung übernehmen heißt, sich für diese Aufgabe verantwortlich zu fühlen.

Mein Leben hat sich mit Reiki so pausenlos bewegt, dass ich dem oft gar nicht folgen konnte. Meine Visionen, welche zum größten Teil mein Leben betreffen, sind für mich sehr deutlich geworden. Und es ist wunderschön das Dinge, welche mich vor Jahren noch verunsichert hätten zur Selbstverständlichkeit geworden sind; mein Weg, meine Ausbildungen. Ich bekomme die Information schon lange, bevor ich überhaupt weiß, wo dies oder jenes Seminar stattfindet. Und ich sage dir es ist schön, man braucht nicht pausenlos über irgendwelche hirnrissige Dinge nachzudenken.

Mach es dir bewusst wenn Dinge geschehen, die für dich momentan wie eine Katastrophe aussehen, es ist gut für dich. Du brauchst diesen Schritt. Du solltest daraus etwas lernen. Auch wenn du es jetzt nicht begreifst - verstehst du es erst nach Jahren. Aber hab' das Vertrauen es ist gut für dich.

Das Universum sorgt für dich,
    schenkt dir nur gute Dinge,
        weil es dich liebt!

Ich führe dich zu deinem Engel

Jeder Mensch hat einen Schutzengel. Wirklich, einen ganz persönlichen Schutzengel. Du glaubst mir nicht? Ich hatte dieses wunderschöne Geschenk von meinem himmlischen Führer geschenkt bekommen. Ich durfte auch eines dieser himmlischen Seminare besuchen. So wurde mir in diesem Seminar bewusst, dass sich in den ersten sieben Jahren, als ich im ersten Jahr mit Reiki begonnen habe, jedes Jahr ein Chakra öffnete. Als erstes mein Wurzelchakra, im zweiten Jahr mein Sakralchakra und so ging es jedes Jahr, ein Chakra höher. Bei meinem siebenten Chakra hatte ich kurz davor ein Engelseminar besucht. Es war ein Gefühl, als würde mir mit Werkzeugen eine Blockade im Kopf gelockert. Es war überhaupt kein Schmerz, eher als würde sich eine Blume entfalten. Dazu fiel mir die tausendblättrige Lotosblüte ein! Seit dem halte ich selbst Seminare ab, in denen du deinen persönlichen Schutzengel kennenenlernen kannst. Bei meinen Engelseminaren, welche ich selbst abhalte, wird allen Anwesenden bewusst, welche Kraft sich hinter diesen Wesen verbirgt. Wenn es möglich wird Dinge zu glauben, die man nicht sehen sondern nur spüren kann.

Die Stille Zeit

Als ich dieses Buch anfing zu schreiben, waren noch dreizehn Tage bis zum heiligen Abend. Ich befand mich gerade in einer Reinigungsphase. Mein Körper hatte beschlossen den gesamten Jahresmüll noch vor dem Fest „auszuschütten". Unter Müll verstehe ich sämtliche Luftverschmutzungen, sowie den gesamten energetischen „Unrat".

So hatte ich eine sehr ruhige Zeit und verbrachte auch einige Tage im Bett.

Ich stellte mir vor wie die Menschen in ihrem Weihnachtsstress von Geschäft zu Geschäft hasten, wie der Kaufrausch schon so manchen zu Kopf gestiegen ist. Die Familie wird manchmal noch Opfer von Wutanfällen. Wenn gewisse Dinge nicht so geschehen, wie man sich das eben vorstellt. Schon haben sie die letzten Nerven verloren. Der heilige Abend steht vor der Tür. Ist das der Sinn von Weihnachten? Ist das Freude, ist das Schenken?

Wenn ich an meine Kinderzeit denke, war für mich ein Christbaum das schönste Geschenk. Dieses dunkelgrüne Kleid vom Weihnachtsbaum mit den wunderschönen Lichtern, und der Duft vom Wald.

Und wenn draußen auch noch kleine weiße Schneeflocken auf die Erde fielen, hatte ich keine Wünsche mehr.

Doch es gibt noch zu viele Menschen, die aus heiligen Weihnachten eilige Weihnachten machen.

Brauche ich einen Ersatz?

Vor vielen, vielen Jahren gab es auch in meinem Leben so eine Zeit. Ich erinnere mich ab und zu daran, wenn ich Menschen in Geschäften beobachte.

Zeiten, wo man sich ungeliebt fühlt, zuwenig Liebe bekommt und keine Zuwendung. Man geht in das erst beste Geschäft und kauft vielleicht einen Pullover, der andere Jeans oder Schmuck. Man versucht dies mit diesen Dingen zu ersetzen, ohne die Frage zu stellen, brauche ich diese Dinge wirklich. Oder ist es ein Ersatz für mich.

Mit der Zeit wirst du daraufkommen, dass dich letztendlich materielle Dinge nicht glücklicher machen. Der Pulli liegt im Schrank und nach einigen Wochen hast du wieder das Bedürfnis dir wieder einen zu kaufen. Hier liegt der Beweis! Denk mal kurz darüber nach, und sage nicht dies sei dir in deinem Leben noch nie passiert.

Wenn man nicht wirklich Verantwortung für sich selbst übernimmt und versucht nach seinem Fühlen, das spüren seines Herzens zu leben, strudelt man mit dem Strom der Menschheit mit.

Was nicht heißen soll, dass du nicht das Recht hast dich selbst zu belohnen. Im Gegenteil, es ist sogar sehr wichtig. Deshalb beobachte dich. Ist es ein Ersatz oder eine Belohnung - weil ich mich so liebe. Denn dies ist ein Unterschied. Sobald du Schuldgefühle anderen Menschen gegenüber spürst, sollte diese Blockade aufgearbeitet werden, welche verschieden Ursachen haben können.

Erwartung an mich, Erwartung an dich

Erwartung ein Thema für sich. Was erwarten sich die anderen Menschen von mir. Wie oft im Leben bekommen wir dies zu hören. Ich erwarte mir von dir, dass du artig bist, wenn die Großeltern zu Besuch kommen. Kein Wunder, dass die Kleinen dann, wenn man mit ihnen zu Besuch ist, die Sau rauslassen.

Und so geht es weiter. Ob Schule, Beruf oder Familie. Nach zehn Jahren sind wir in einem Strudel ein gewisses Schema zu leben, in einer Gesellschaft, in der man sich nicht mehr wohl fühlt.

Der Erwartungsdruck ist so stark gestiegen, dass unser Instinkt für ein zufriedenes und glückliches Leben verloren gegangen ist.

Manche Menschen glauben vom Leben mehr gar keine Chance zu bekommen. Der berühmte Satz „in meinem Alter" oder „für mich ist der Zug schon abgefahren" fällt dann. Nein, das stimmt nicht.

Ich versuche seit vielen Jahren nach dem Motto zu leben, als wäre „Heut' mein letzter Tag!"

Was würdest du da noch alles erledigen?

Menschen, die zu mir in meine Praxis kamen, erzählten mir noch verschiedene Wünsche, die sie noch erledigen wollten.

Eine Frau sagte: „Sie müsste noch ihre Finanzen in Ordnung bringen. Ihre Ersparnisse teilen und ihr Grundstück übergeben". Es war für mich schokkierend. Das war ihre größte Sorge. Ich sagte: „Gut und wenn du dies alles schnell erlediegen könntest, und es bliebe dir noch Zeit, was würdest du dann noch machen." Sie saß da ihre Augen begannen zu glänzen. Die Farben in ihrer Aura wurden hell und flossen ineinander. Ihr Herzchakra öffnete sich weit, ihre Lippen bewegten sich, sie sagte: „Ich würde auf einen hohen Berg wandern und mich mitten in die schöne

Natur setzen. Meine Augen würde ich zum Himmel richten, um mich mit Gott und der Schöpfung zu verbinden. Mich für alles bedanken was ich erfahren und erleben durfte, und dann würde ich warten." Eine wunderbare Stille war eingekehrt.

Ich konnte nicht glauben, dass es dieselbe Frau war die ich sonst kannte, die noch vor einer halben Stunde wie aufgescheucht durch meine Tür kam. Doch für mich war es schön, ja eine Bestätigung, dass man in kürzester Zeit alle Grenzen durchbrechen kann. Sie war auf einmal sie selbst. Sie spürte ihre Wünsche. Und dieses Erkennen war genau dies, was ihr in ihrem Alltag fehlte.

Sie erzählte mir von ihrer schönsten Zeit als junges Mädchen. Als sie noch zu Hause war auf so einem Berg und sich manchmal in die Stille zurückzog, um in sich hinein zuhorchen. „Ins Herz zu schau'n", wie ich es gerne nenne. Ich erklärte ihr, dass sie jetzt, da sie es erkannt hatte, nur noch zu Leben brauchte. Grenzenlos sein sollte!

Darauf hin meinte sie, dass es nicht so einfach sei. Man hat Familie, ein Haus und geht zur Arbeit. Man muss sich doch um soviel kümmern. Doch ich ließ mich nicht entmutigen um ihr zu sagen, vierundzwanzig Stunden hat dein Tag.

Es ist klar, du gehst zur Arbeit, hoffentlich zu jener, die dir Spaß macht, sonst hättest du schon etwas zu ändern. Aber nehmen wir an, deine Arbeit macht dir Spaß, dein Haushalt und deine Kinder überfordern dich. Gerade deshalb brauchst du eine Stunde von diesen vierundzwanzig Stunden, die dir gehört. Dir alleine, wo du das machst, dass dir Spaß macht. Ob du mit Freunden unterwegs bist, im Wald spazieren gehst oder in einer Ecke in deinem romantischen Garten ein Buch liest, ganz egal, der Sinn ist immer derselbe. Denn in diesen Minuten tankst du Kraft - jenes Mittel, welches du die restlichen achtzehn Stunden brauchst.

Die Frau saß noch immer da, mit diesem wunderschönen Glanz in ihren Augen. Sie weinte! Das kann man doch nicht von heut' auf morgen. Aber es wäre toll, wenn du es mir lernen könntest. Dazu war ich gerne bereit, da ich doch selber noch heute verspüre wie schön es ist dieses Gefühl wachsen zu lassen, welches mich zur grenzenlosen - unendlichen Freiheit führte.

Ein Lebensgesetz ist,
   zwischen Geben und Nehmen,
     sollte ein Ausgleich sein!

Die Brücke zueinander

Diese Kapitel soll Menschen ermöglichen zu sich selbst zu finden, aber auch zu Anderen und deinem Partner. Es soll dir in jener Zeit helfen, wo du dir das Leben miteinander nicht mehr vorstellen kannst. Eine Trennung für dich momentan nicht möglich ist oder gar nicht in Frage kommt. Wie kann man solche Zeiten überbrücken?

Eine Brücke bauen - von mir zu dir!

Keiner fühlt sich verstanden jeder fühlt sich allein.

Stell dir vor dein Partner hat eine Krankheit, die ihm nur noch kurze Zeit leben läßt. Du weißt es. Was fühlst du? Wie reagierst du? Was bewegt dein Inneres? Würdest du nicht alles versuchen diesem Menschen noch die letzten Tage so schön wie möglich zu machen. Ihm all deine letzte Liebe, welche du in deinem Herzen verspürst, zu schenken. Und könnte es nicht sein, dass du auf diesem Weg, einen Weg zu diesem besonderen Menschen findest? Oder er zu Dir? Dieses Beispiel könnte man für jeden Menschen anwenden, mit dem man in einer Gemeinschaft lebt. Denn solltest du in dieser Zeit keinen Weg gefunden haben, durftest du soviel lernen, dass sich neue Wege vor dir auftun.

Wege, auf denen man lernt Dinge zu verändern, die sich ändern lassen, und Dinge anzunehmen die sich nicht verändern lassen.

Loslassen was sich löst -
Annehmen was sich nicht löst!

Mach es jetzt,
denn was du jetzt nicht tust,
tust du nie mehr!

Jetzt ist der richtige Augenblick,
Altes durch Neues zu ersetzen!

Gedanken zu D-einer Beziehung!

Unsere Beziehung ist wie ein Schiff auf dem offenen Meer.
    Ziel ist eine kleine Insel, die uns beiden gehört.
Jeder möchte das Steuer in der Hand haben, um den „Anderen" zu beweisen, dass er den „Anderen" sicher durch alle Stürme des Lebens führt.

    Ich glaube wir sollten uns abwechseln,
    einmal du und einmal ich
    das Steuer in unseren Händen zu halten.

    Der andere sollte gelassen,
    in das Gefühl des Vertrauen fallen,
    und diese Tage
    auf dem Schiff benutzen
    um wieder aufzutanken,
    bis er wieder ans Ruder geht.

    Und nicht den Anderen mit kritischen,
    mißtrauischen Blicken verfolgen,
    ob er seine Aufgabe erfüllt.

Ich kann Dinge verändern

Manchmal, wenn ich im Strudel meines Alltags stekke, fällt mir eine wunderbare Begebenheit aus längst vergangenen Tagen ein. Aber so viele Jahrzehnte sie auch zurückliegen mag, lebt sie wie heute in mir.

Ich besuchte mit meinen Freund einen alten Bekannten. Es war am Abend eines lauen Sommertags. Das kleine alte Häuschen lag am Waldesrand. Verträumt hingen die letzten Sonnenstrahlen in den Ästen der alten Bäume. Die Ruhe, die all dies ausströmte, legte sich um unsere Körper wie ein Schleier um eine Braut. Der Himmel zeigte uns alle Farben wie das schönste Hochzeitskleid. Der Garten, umgeben von einem alten Holzzaun, zeigte uns die ganze Blumenpracht des Sommers. Ein wunderschöner Rosenbogen mit rosa Rosenblüten schwang sich über das kleine Gartentor. Mit dem Öffnen des kleinen Gartentors, öffneten sich wie von selbst alle Kanäle unseres Herzens. Es war ein Empfang voll Liebe. Ein kleines Paradies, mein Freund sah mich an. Ich verstand die Sprache seiner Augen. Es ist schön mit soviel Liebe empfangen zu werden. Die hölzerne Gartenbank mit einen leicht wackeligen Tisch lud uns ein Platz zu nehmen.

Unser altbekannter Freund kam mit einer Flasche süßen Weins aus dem Keller. An die Gläser konnte ich mich aus früheren Tagen noch erinnern, standen schon immer parat auf dem alten Holztisch. So saßen wir Stunden an einem einzigen Ort auf der Welt. Man(n) erzählte sich die tollsten Geschichten oder auch Wünsche oder Illusionen. Wir vergaßen die Zeit. Mir wurde wieder einmal bewusst wie wenig man brauchte um glücklich zu sein. Ein Stück Natur, liebe Menschen, denen man ins Herz sieht, deren Sprache man ohne Worte versteht und ein Gläschen Wein. Dies war in diesem Moment alles was wir hatten. Und es reichte, erfüllte mich so sehr, dass ich, als ich für einen Augenblick in den Sternenhimmel schaute, das Gefühl bekam wir säßen mitten unter den Sternen.

    Weit nach Mitternacht entschlossen wir uns zur Heimfahrt. Und diesen Satz, den uns unser alter Freund noch zum Abschied auf den Weg mitgab, lautete: „Es ist schön zu wissen, dass ich mich jederzeit hier auf meine Gartenbank setzen **kann** und die ganze Welt um mich vergessen **kann**." Diese Worte drangen in mich hinein in die tiefste Stelle meines Seins in meine Mitte und verwurzelten sich.

    Das letzte Stück zu unserem Auto gingen wir zu Fuß.

Ich fragte meinen Freund was er empfinde? Er drückte meine Hand. Dieses Zeichen war eindeutig. Es sagte: „Dasselbe wie du." Er wußte genau welches Wort meine Faszination fesselte. Das Wort **kann**. Ich kann mich auf meine Gartenbank setzen, und ich kann die Welt vergessen.

Und wenn ich manchmal im Strudel meines Alltags stecke, dann ist es für mich das Schönste zu wissen, ich kann.....und dann geh ich vor „mein" Häuschen zu meiner Gartenbank, setze mich oft nur für ein paar Minuten ohne Gläschen süßen Wein unter die wärmenden Sonnenstrahlen. Sieh' den Rosenstrauch mit seinen roten Blüten, und manchmal trägt der Himmel sein Hochzeitskleid, wenn die letzten Sonnenstrahlen hinter den Ästen der alten Bäume schlafen gehen.....

Ein paar Träume werden wach...

....und auch ich möchte die weisen Worte an dich richten. Ich kann....

Versuche in deinem Alltag Wörter wie, ich muss oder soll durch kann zu ersetzen. Es ändern sich dadurch nicht Situationen, aber es ändert sich deine Einstellung. Diese jedoch kann dir deinen Alltag um soviel erleichtern.

Jeden Tag geschieht ein kleines Wunder

Wenn die ersten Sonnenstrahlen,
die Erde berühren,
Küsst,
der junge Morgen,
die dunkle Nacht,
stürmisch,
und voller Erwartung.

Die wunderschönsten Farben,
geben ihren Gefühlen Ausdruck.
Farben der Liebe.

Sie nehmen voneinander,
Abschied...
so, als würden sie sich vielleicht
niemals wieder seh'n.

Doch mit Hoffnung,
bricht der Tag an
um die Welt zu verzaubern.

Und wenn der Tag
zur Neige geht

so spürt er, wie sich
die Nacht ihm wieder   nähert....
wie ein Prinz   seiner Prinzessin....
eingehüllt in das
           wunderschönste Abendrot!
Der Tag
sinkt
in die Arme
der Nacht,
leidenschaftlich und hingebungsvoll,
verschmelzen beide
           ineinander.
Das Glück
eines solchen Tages
kannst du   an tausenden....
von Sternen
erkennen   in einer
sternenklaren Nacht
           am Firmament!

....und so verabschiede auch Du Dich von
Deinen Liebsten....   wie die....
ersten Sonnenstrahlen....
....die Erde berühren....   küsst....
der junge Morgen....
           ....die Erde....!

Fragebogen um Dich zur Einheit zu führen

Versuche diesen Fragebogen spontan und für dich ehrlich auszufüllen.
Schreibe dir die Antworten auf einen eigenen Zettel.
Gehe die Fragen nach einigen Wochen wieder durch, ohne vorher die Antworten vom letzten Mal zu lesen. Dann vergleiche.
Haben sich die Antworten oder deine Einstellung zum Leben verändert?

- Wer ist der wichtigste Mensch in meinem Leben?
- Was ist für mich das Wichtigste?
- Mein größter Wunsch?
- Was fehlt mir am meisten?
- Ohne was könnte ich nicht leben?
- Kann ich mich jederzeit im Spiegel ansehen?
- Liebe ich mich selbst?
- Warum nicht?
- Lebe ich in der Gegenwart - Zukunft - Vergangenheit?
- Habe ich Angst?   Wovor?

- Gefällt mir meine Arbeit?
- Wie ist meine Beziehung?
- Welcher Gedanke läßt mich nicht mehr los?
- War meine Kindheit in Liebe und Harmonie?
- Wie gehe ich mit Problemen um?
- Verstehe ich die Sprache meines Körpers?
- Verstehe ich die Sprache meiner Krankheit?
- Kritisiere ich mich oder andere?
- Wie denke ich - negativ oder positiv?
- Was bedeutet für mich Freiheit?
- Habe ich sie?
- Bin ich Willens mich zu verändern?
- Glaube ich an Selbstheilung?
- Bist du mit deinem Leben zufrieden?
- Glaubst du ich verdiene etwas Besseres?
- Hast du Träume?
- Welche?

Meine Morgenmeditation

Es gibt im Universum eine grenzenlose Kraft, und diese Kraft ist hier bei mir.

Ich bin nicht einsam, verloren oder hilflos. Ich bin eins mit der Kraft die mich erschuf. Wenn es in mir irgendeinen Glaubenssatz gibt, der diese Wahrheit leugnet dann entferne ich ihn, hier und jetzt aus meinem Bewusstsein. Ich weiß, ich bin eine Göttliche, wunderbare Ausdrucksform des Lebens. Unendliche Weisheit, Liebe und Zufriedenheit erfüllen und umgeben mich. Ich bin ein Vorbild an blühender Gesundheit und vibrierender Energie. Ich erlebe nur Schönes und Erfreuliches. Mit göttlicher Liebe segne ich meinen Körper, mein Zuhause, meine Arbeit und jeden einzelnen Menschen, der mir heute begegnet.

Dieser Tag ist wunderschön und ich erfreue mich daran!

Und so ist es!

Dann öffne ich die Augen, stehe auf und

genieße den Tag!

Affirmationen zur Stärkung des Selbstwertgefühls

- Ich liebe mich so wie ich bin.
- Ich bin einzigartig auf dieser Welt.
- Ich verdiene das Beste.
- Ich bin selbst für mein Leben verantwortlich.
- Ich bin frei, alles zu werden, was ich sein kann.
- Ich bin bereit, neue Wege zu gehen.
- Ich liebe es in Hier und Jetzt zu leben.
- Ich bin eine starke Frau und verdiene unendlich viel Liebe und Respekt.
- Ich bin ein starker Mann und verdiene unendlich viel Liebe und Respekt.
- Mein Leben schenkt mir tiefe Erfüllung.
- Ich erweitere ständig meine Fähigkeiten.

Mein Berufsleben steht auf sicheren Füßen

Ich weiß, dass mein Denken über meine berufliche Situation entscheidet. Meine Gedanken haben sehr viel Kraft, daher wähle ich sie sorgfältig. Meine Gedanken sind ermutigend und positiv. Ich entscheide mich für Wohlstandsdenken, daher bin ich wohlhabend. Ich entscheide mich für Harmoniedenken; daher arbeite ich in einer harmonischen Atmosphäre.

Ich stehe morgens auf, weil ich weiß, dass immer wichtige Aufgaben auf mich warten. Der Gedanke an meine Arbeit erfüllt ich mit Stolz. Ich HABE immer Arbeit. Das Leben ist gut.

Und dem ist nichts hinzuzufügen!

So sei es!

Affirmationen für den beruflichen Erfolg

- Ich arbeite immer für Menschen die mich respektieren und gut bezahlen.
- Ich habe immer wunderbare Vorgesetzte.
- Ich komme mit allen Mitarbeitern gut aus.
- Ich gehe gerne zur Arbeit.
- Ich gebe bei meiner Arbeit stets mein Bestes.
- Alle schätzen mich.
- Meine Auftragsbücher sind immer voll.
- Mein Einkommen ist ständig im wachsen.
- Ich bin glücklich in meinem Beruf.
- Ich habe mein Hobby zum Beruf gemacht.
- Ich fühle mich berufen.

Ich will nicht mehr,
ich kann nicht mehr....

Eine tolle Übung mit dem Trampolin

Ich möchte Dir eine Übung anbieten, die mir sehr gut geholfen hat und mittlerweile auch vielen meiner Klienten.

Wenn es Dir furchtbar schlecht geht, und du glaubst, dass du der ärmste Mensch unter der Sonne bist, dann stell Dir folgendes vor:

Einen Brunnenschacht oder Kanalschacht, ganz egal. Du befindest dich in der Mitte dieses Rohr's. Du spürst die glitschigen Steigbügel links und rechts deiner Arme. Du versuchst mit aller Kraft Zentimeter für Zentimeter hochzuklettern. Doch kaum bist du zwei Zentimeter nach oben gekommen, rutscht du vier Zentimeter wieder hinunter. Tränen fließen aus Deinem Inneren, alles scheint sinnlos.

Jetzt fragst du mich was ich Dir in dieser Situation noch raten könnte. Denn an dieser Stelle wehre Dich nicht gegen all diesen Müll, den du vor Dir siehst und spürst. Versuch nicht hochzuklettern, sobald du merkst, dass es nicht funktioniert.

Sondern mach' das Gegenteil. Lass dich fallen, in dieses tiefe dunkle „Loch", geh' tiefer und tiefer in dich hinein. Lass es zu - lass es geschehen, dass du weinst - dich Hunde - elend fühlst.

Denn nach dieser Zeit kommt der große Augenblick. Unten angekommen berühren deine Zehenspitzen etwas. Dieses Etwas ist ein Trampolin, welches Dich nach der ersten Berührung in die Höhe schleudert. Hoch hinaus, höher als du jemals zuvor warst.

Ja, und es ist nichts einfacher als auf diese Art und Weise hoch zu kommen, als sich mühevoll abzuplagen mit Klettern und Abrutschen.

    Jede
        Niederlage
            ist
                eine
                    neue
                        CHANCE!!

Ich möchte in meinem Buch Reiki nicht so intensiv beschreiben, da es schon sehr viele Reiki - Bücher gibt.

Empfehlen möchte ich Dir Reiki - Bücher von Karin E. J. Kolland, einer lieben Freundin von mir. Sie beschreibt in drei Reiki - Bücher wie man Intuitives Reiki nach einer Einstimmung lebt und anwendet.

Buchvorschläge findest du auf den letzten Seiten dieses Buches.

Auch ich nehme ihre Bücher immer gerne zur Hand, um mein Reiki - Wissen aufzuwärmen.

Trotzdem möchte ich dich in den nächsten Seiten mit Reiki vertraut machen. Dir die Legende von Sensei Mikaomi Usui erzählen.

Sensei Mikaomi Usui war Leiter der christlichen Priesterschule in Kyoto, Japan. Einige seiner Schüler fragten ihn eines Tages ob er die Wunderheilungen von Jesus glauben würde. Dr. Usui antwortete, dass er an diese Wunder glaube. Die Studenten fragten ihn darauf ob er eine solche Heilung vorführen könnte oder schon einmal erlebt hätte. Dr. Usui mußte dies verneinen. Dies war der Anstoß für ihn sein Amt an dieser Universität niederzulegen, um auf die Suche nach der Lösung dieser Frage zu gehen.

Er reiste in die USA kehrte jedoch wieder nach Japan zurück. Schließlich entdeckte er in der Bibliothek eines Zenklosters in Sanskrit verfaßte Schriftrollen mit Hinweisen wie und mit welchen Methoden und Symbolen geheilt werden kann. Er lebte zu diesem Zeitpunkt wieder im Kloster in Kyoto.

Zwischen dem Abt und Dr. Usui hatte sich eine tiefe Freundschaft entwickelt. Der Abt gab ihm den Rat den heiligen Berg Kuriyama aufzusuchen und dort 21 Tage zu meditieren und zu fasten. Er nahm diesen Rat an und machte sich am nächsten Tag auf den Weg. Er vertraute darauf das Gott ihm die Kraft der Erkenntnis geben würde. Er sammelte 21 Steine die ihm als Kalender dienten. Während dieser 21 Tage fastete er und meditierte. Am frühen Morgens des 21. Tages erblickte er einen hellen Lichtstrahl, der sich auf ihn herab senkte und ihn in der Mitte der Stirn traf.

Trotz dieser langen Fastenzeit und der damit verbundenen körperlichen Schwäche, fühlte er sich plötzlich von Kraft durchströmt. Er sah die alten Symbole aus den Sanskrit-Schriften in leuchtenden Buchstaben vor sich und sagte: „Ja ich erinnere mich." Diese Symbole prägten sich ihm für immer ein. Damit war der Zugang zur Universellen Lebensenergie aktiviert.

Nach diesem Erlebnis begann er den Abstieg vom Berg. Er verletzte sich dabei am Fuß, und die Wunde begann zu Bluten. Er legte seine Hände darauf - die Blutung hörte auf und der Schmerz verschwand. Es war für ihn das erste Erlebnis mit seinen neu gewonnen Fähigkeiten umzugehen, und er bekam die Erkenntnis, mit seinen Händen heilen zu können.

Dr. Usui heilte die Menschen mit Reiki - Kraft und gab ihnen die Möglichkeit, in ihr ursprüngliches Leben zurückzukehren, zu arbeiten und für ihre Familie zu sorgen.

Er heilte nicht nur Körper - sondern auch Geist und Seele.

Diese drei müssen eine Einheit sein - dann sei der Mensch - gesund.

Reiki - Lebensregeln

Gerade heute sei nicht ärgerlich!

Gerade heute sorge dich nicht!

Verdiene dein Brot ehrlich!

Versuche liebevoll mit dem Wesen in deiner Nähe umzugehen.

Sei dankbar für die vielen Segnungen!

Reiki im Alltag

Fast alle Mütter erzählen mir, von einer Gewohnheit wie ich es auch selbst bei meinen Kindern hatte, ja noch immer anwende, obwohl sie schon selbst Reiki Einweihungen haben.

Wenn mein Kind Schmerzen hat, lege ich an dieser Stelle automatisch meine Hand auf, berichten sie.

Viele wissen natürlich nicht, was sie unbewusst machen. Wenn ich es ihnen erkläre, sagen sie: „Ja, es war eigenartig. Die Kinder baten: „Mama lass deine Hand noch liegen, dann ist es viel leichter."

Ja liebe Mütter, was ihr hier praktiziert, ist Reiki. Es fördert die Selbstheilungskräfte in euren Kindern. Dies soll dir beweisen, dass auch du diese wunderbare Kraft und Liebe in dir trägst.

Zögere nicht, wann immer du die Möglichkeit hast, ein Seminar zu besuchen, in dem du mit Technik und Praxis vertraut gemacht wirst.

Dort lernst du in wenigen Minuten, deinen Körper in Tiefenentspannung zu bringen, was in dieser stressigen Zeit sehr wichtig ist.

Affirmationsprogramm

Thymusdrüse	Ich liebe. Ich glaube. Ich vertraue. Ich bin dankbar. Ich bin mutig.
Lunge	Ich bin demütig. Ich bin tolerant. Ich bin bescheiden.
Leber	Ich bin glücklich. Ich habe Glück. Ich bin fröhlich.
Gallenblase	Ich wende mich anderen voller Liebe zu.
Milz Pankreas	Ich glaube und vertraue auf meine Zukunft. Ich bin sicher.
Niere	Meine sexuellen Energien sind ausgewogen.

Herz	Mein Herz ist voller Vergebung.
Dickdarm	Ich bin es wert, geliebt zu werden.
Kreislauf	Ich lasse die Vergangenheit los.
Sexus	Ich bin großzügig.
Magen	Ich bin zufrieden.
Schilddrüse	Ich bin hoffnungsfroh.
Dünndarm	Ich bin voller Freude.
Blase	Ich bin ausgeglichen.
Schließ ab mit:	Meine Lebensenergie ist hoch. Ich bin voller Liebe.

Das Erdenleben eines Engels

Der kleine weiße Engel mit den goldenen Flügeln kam auf die Welt. Voll Freude wurde er empfangen. Seine Familie welche er sich erwählt hatte, gab ihm all die Liebe die sein kleines Herz brauchte. So wuchs der kleine weiße Engel behütet und beschützt von seinen Schutzengel Michael, jedes Jahr ein paar Zentimeter. Erzengel Michael ließ seinen kleinen Schützling nicht aus den Augen. Manchmal sah er ihn stundenlang zu wenn er sich im Sandkasten spielte. Dann fragte sich Michael ob „der Kleine" da unten auf der Erde noch ab und zu an ihn dachte, oder ihn schon ganz vergessen hatte. Doch im gleichen Augenblick hob der kleine Engel sein Gesicht. Seine Augen sahen in das Firmament. Erzengel Michael kam es vor als sehe er ihn direkt in die Augen. Er spürte die Liebe die ihm entgegenfloß, und auch er sandte seine Liebe hinunter in das kleine Herz. Für einen Augenblick spürte er eine unbeschreibliche Verbindung. Da wußte er das ihn der kleine weiße Engel noch immer im Herzen trug.

Doch die Jahre vergingen, der kleine weiße Engel wurde immer größer und lebte sein Erdendasein. Die ersten Erfahrungen von Schmerz und Leid kamen über das junge Menschenkind.

Erzengel Michael begleitete ihn in jenen Tagen mit besonderer Aufmerksamkeit. Manchmal hatte er schon bereut ihn diesen Wunsch erfüllt zu haben. Es war nicht leicht mit anzusehen wenn sein kleiner Schützling traurig war. Und wenn dann auch noch Tränen flossen, konnte er sich nicht mehr zurückhalten, und nahm in ganz einfach in die Arme. So lange bis sich sein kleines Herz beruhigte. Denn was hätte er sonst tun sollen als ihn trösten. Seine Aufgabe mußte er schon selbst lösen. Diese hatte er sich selbst erwählt. Erzengel Michael griff sich an die Stirn. Und noch dazu hatte sich der kleine weiße Engel die schwierigste aller Aufgaben erwählt.

Ich suche die Liebe hatte er gesagt ohne „wenn und aber", suche sie in den Herzen der Menschen und führe sie zum Licht. Er sah die leuchtenden Augen noch vor sich als er ihn diese Botschaft übermittelte.

Doch dies war auf Erden schwieriger als man glaubte. Die Menschen verloren allmählich das Gefühl für Liebe und Glück, für Zufriedenheit und Geborgenheit.

Ihre Begeisterung lag ganz wo anders. Sie wollten Macht und Besitz. Diese Dinge fanden sie wichtig, sie glaubten mit jenen Dingen Glück und Liebe erreichen zu können.

Dies war bei Erzengel Michaels Schützling anders. Dieser sah keinen Sinn hinter Macht und Geld herzujagen. Und so fühlte er sich immer mehr berufen dies den Menschen kund zu tun. Warum, nehmt ihr euch nicht ein bißchen mehr Zeit? Zeit für euch selbst, und für Dinge von denen ihr träumt. Oder hatten die Menschen gar keine Träume mehr? In jenen Tagen fühlte sich das Menschenkind besonders einsam und allein. Verstand die Welt nicht mehr, verstand die Menschen nicht mehr. Dachte den keiner so wie er? Wie sollte er es ihnen sagen, damit sie es begriffen?

So geschah es in seiner tiefsten Traurigkeit, an einem wunderschönen Tag an dem die Sonne am Höchsten stand, dass er sein Antlitz den Himmel zuwandte, seine Hände faltete und um Hilfe bat.

Ich bitte, Gott meinen Schöpfer um all jene Kraft, in meinem Körper, meinem Geist und meiner Seele, die ich brauche um die Liebe in den Herzen der Menschen zu entzünden.

Stille um ihn war eingekehrt. Für einen Augenblick hielt die Welt den Atem an. Weißes Licht strahlte auf sein Haupt, die Verbindung zur unendlichen Liebe und Einigkeit war noch stärker geworden.

Jetzt war Liebe und Kraft, in sein Bewusstsein angehoben worden, heraus aus dem tiefsten Inneren. Während dies geschah, war die Intuition noch stärker geworden, seine Sensibilität noch feiner.

Doch von diesem Tage an, sah Erzengel Michael stolz durch sein Teleskop. Jetzt nahmen die Menschen die Botschaft seines Schützling an. Wenn es am Anfang auch noch Wenige waren, wurden es mit der Zeit immer mehr. Davon war Erzengel Michael fest überzeugt. Und er war stolz auf seinen kleinen weißen Engel der einmal bei ihm wohnte, bevor er auszog die Liebe zu verkünden.

Mit einem kleinen Funken der in seinem Herzen wohnt, in dir zu entzünden während du in seine Augen siehst.

Wer weiß, wie oft du dem kleinen weißen Engel, mit den goldenen Flügeln, schon begegnet bist, und es nicht bemerkt hast, wie die Funken aus seinen Augen, auf dich herübergesprungen sind.

    Oder doch?

Bei manchen Menschen hat man das Gefühl, in ihren Augen zu versinken um die ganze Welt zu vergessen. Man spürt die Wärme die sie uns entgegenbringen, die Liebe zueinander fließt, ohne das man sich auch nur die Hand reicht.

    Solche Momente halte fest!
    Es sind Augenblicke!
    Und Augenblicke
    sind Erinnerungen,
    von denen man zehrt,
    bis zu jener Sekunde
    wo man wieder
    in diese
    Augen
    sieht!

Erfülle dir einen Wunsch

Setze oder lege dich an einen Ort wo du glaubst, dass du ungestört bist. Vielleicht hast du einen Lieblingsplatz, im Garten oder einen alten Ohrensessel am Kamin. Vor allem sollte es ruhig sein. Wenn du diese Meditation am Abend machst, solltest du nicht zu grelles Licht einschalten. Ganz toll wäre natürlich eine Kerze und vielleicht leise Musik.

Nun schließe deine Augen. Versuche ruhig zu atmen um deinen Körper die Möglichkeit zu geben sich zu entspannen.

Stell dir vor, wie weißgoldenes Licht auf dich herabstrahlt und deinen Körper umhüllt. Es ist das Licht der Glückseligkeit. Tauche ein in dieses wunderbare Gefühl, und lass dich davontragen. Erst schwimmst du auf dieser Welle, bald kannst du nicht mehr unterscheiden, wer die Welle ist und wer du bist. Du wirst leichter und immer leichter, alle Sorgen, Ängste und Zweifel fallen von dir ab. Du fühlst dich frei und unbeschwert, ein Prickeln geht durch deinen Körper. Du hörst Musik und möchtest dazu tanzen, du siehst die Sterne um dich herum, den Kosmos, die Weite, die Unendlichkeit. Feiere dieses Fest! Bewege langsam, im Rhythmus der Musik deinen geschmeidigen Körper.

Nun lass einen deiner Wünsche aus deinem tiefsten Inneren frei.... Schicke ihn mit all deiner Kraft zu den Sternen. Du siehst dein Wunsch wird immer kleiner bis er im Kosmos eintaucht. Jetzt hast du ihn losgelassen, dein Wunsch kann sich erfüllen.

Noch immer bewegt sich dein Körper langsam zu den Klängen der Musik, viele Menschen tanzen mit dir. Sie alle sind zu deinem Fest gekommen und haben einen Wunsch zu den Sternen gesandt.

Allmählich verlässt du dieses Fest und kehrst ins Tagesbewusstsein zurück, bewege langsam deine Finger und Zehen strecke deine Arme über deinen Kopf und öffne wann immer du bereit bist deine Augen.

Mit Hilfe von Erzengel Metatron - den König der Engel - gelingt es uns, unseren Lebensplan zu erkennen und zu leben. Er ist der Hüter des weißgoldenen Lichtes. Wenn wir uns etwas ganz intensiv wünschen, ist es meist ein Teil unseres Lebensplanes. Dann wird uns Erzengel Metatron helfen es zu erreichen, auch wenn es mit großen Lernaufgaben verbunden ist. Manche Wünsche gehen erst nach Jahren der Prüfungen in Erfüllung, aber was uns bestimmt ist, gehört zu uns.

„Wer immer du bist, oder was immer du tust, wenn du aus tiefster Seele etwas willst, dann wurde dieser Wunsch aus tiefster Weltenseele geboren. Das ist dann deine Aufgabe auf Erden.... Unsere einzige Verpflichtung besteht darin, den persönlichen Lebensplan zu erfüllen. Und wenn du etwas ganz fest willst, dann wird das gesamte Universum dazu beitragen, dass du es auch erreichst."

Ein Teil dieser Mediation stammt
    aus dem Handbuch
        Heilende Engelsymbole
            Ingrid Auer

Meine persönlichen Buchempfehlungen

„Heilende Engelsymbole" Ingrid Auer
Ein Handbuch über 49 Schlüssel zu Engelwelt.

„Der träumende Delphin" Sergio Bambaren
Eine magische Reise zu dir selbst.

„Ein Strand für meine Träume" Sergio Bambaren
Den Schlüssel zum eigenen Glück finden.

„Die Nacht der Delphine" Hugo Verlomme
Eine Geschichte der Hoffnung.

„Kaito" Hans Kruppa
Die Suche nach Erfüllung und Glück.

Bücher von Karin E. J. Kolland
„Intuitives Reiki 1. Grad"
„Intuitives Reiki 2. Grad"
„Intuitives Reiki Meistergrad"
„Und der Himmel führt Regie"
„Wenn die Liebe Trauer trägt"
„1x1 der Kosmologie"

„Die Wolfsfrau" Clarissa Pinkola Estes
Die Kraft der weiblichen Urinstinkte.

„Die eigene Identität" Hermann Meyer
Wie man sie findet und erfolgreich verwirklicht
....Stripe, die kleine Raupe sucht den Sinn....

Über die Autorin

Martina Unger
geboren 1962 im Zeichen des Löwen

In den schwierigsten Zeiten ihres Lebens fand sie einen Weg, ein Licht - dem sie folgte - und unendliche Kraft daraus schöpfte, die sie seit 1994 an andere Menschen mit großen Erfolg weitergibt. Sie arbeitet selbstständig bei ihr zu Hause in einer idyllischen, romantischen Gegend umgeben von Wald und Wiesen.

Ihre Ausbildungen:
Bachblütenberaterin - Schüsslersalze und Antlitzanalyse
Reiki - Meister - Lehrer, Engelseminare, Heilmasseur und Heilbademeister mit Fußreflexzonenmassage.

Autorin von Medidationen

Mein Logo

Medidations - CD und Büchlein

CD ISBN 3-9501538-1-0 Euro 18,-
Buch ISBN 3-9501538-0-2 Euro 8,-

Zur Medidation:

„Stell dir ein kleines Tor vor aus Holz oder Eisen, schlicht einfach oder verziert. Öffne dieses Tor gehe hindurch...."

Wundervoll einzusetzen bei:

Massagen

Medidationen - Energiearbeit Reiki

Im Alltag - Streßabbau

Im Einsatz mit behinderten Kindern gute Erfolge

Ein Engel geht auf Reisen

Buch mit Liebe

ISBN 3-9501538-2-9   Euro 13,70

Voll Vertrauen gehe ich meinen spirituellen, intuitiven Weg, in der Hoffnung mit diesem Buch vielen Menschen in ihren oft aussichtslosen Situationen ein Lichtblick zu sein.
 Weiters möchte ich beschreiben wie ich den Sinn meines Daseins gefunden habe.

**In Liebe
 Martina**

CD und Bücher
sowie Termine und Semiarunterlagen
erhältlich bei:

    Martina Unger
    Bergkammweg 3
    A-7571 Rudersdorf

    Tel.: +43 (0)664 / 51 33 279
    Internet: http://www.wind-wasser.cjb.net
    E-Mail: wind-wasser@wind-wasser.cjb.net

Vertrieb Deutschland:

    Gerald Fasching
    fasching energies
    Harter Str. 14
    A-3300 Amstetten-Winklarn

    Tel.: +49 (0)160 / 95 30 26 06
    bzw. +43 (0)664 / 32 58 431
    Fax: +43 (0)7472 / 68 926
    Internet: http://www.energies.at
    E-Mail: fasching@energies.at

Für eigene Notizen